# En finir avec le règne de l'illusion financière

Jacques de Larosière

# En finir avec le règne de l'illusion financière

## Pour une croissance réelle

Odile Jacob

15, RUE SOUFFLOT, 75005 PARIS

www.odilejacob.fr

ISBN : 978-2-4150-0274-9

# Introduction

Ce livre est né d'une interrogation lancinante.

Nous savons tous que notre monde s'est beaucoup endetté depuis des décennies et que sa « financiarisation[1] » a atteint des proportions jamais observées auparavant, du moins en temps de paix.

Mais quelle est la gravité de ce phénomène ? Quelles sont ses conséquences sur la solidité de notre système financier, sur le fonctionnement de notre économie et sur l'avenir même de notre société ?

Étant donné la rapidité des évolutions en cours, le retour d'une forte inflation et la gravité de la situation en Ukraine, il est indispensable de se poser ces questions, et cela d'autant plus que nos dirigeants ne semblent pas s'en soucier outre mesure.

Pour répondre à ces interrogations, il convient d'étudier l'ampleur de la dérive et d'analyser les vulnérabilités – extrêmes – qui en ont résulté.

1. L'expression se réfère à l'importance croissante que revêt, depuis une cinquantaine d'années, la finance internationale – et l'endettement qu'elle comporte – dans le développement du cycle économique.

Il faut surtout comprendre comment notre monde a changé subrepticement de modèle : il a glissé, depuis deux décennies, vers un paradigme étrange, celui où l'essentiel de l'activité économique se traduit désormais par la hausse des valorisations d'actifs financiers au détriment de la croissance des revenus salariaux et de l'investissement productif. Si nous laissons ces dérives se poursuivre, sans changer les fondements mêmes du système, nous continuerons à perdre en compétitivité, en productivité, à accroître les inégalités sociales et à obérer le destin de nos petits-enfants.

L'ambition de cet essai est double :

- Comprendre et décrire les processus qui nous ont amenés aux dérèglements actuels ; ce qui suppose d'analyser en profondeur l'évolution du système tel qu'il fonctionne aujourd'hui. Cette analyse doit être compréhensive et montrer le lien entre d'une part les modes de financement et, d'autre part, le devenir de notre société. Elle doit s'appuyer sur des données statistiques globales dans le souci de traiter le sujet de façon objective sur le plan international.

- Formuler des recommandations simples afin de sortir du piège de la financiarisation et de libérer les forces de l'épargne et de l'investissement qui conditionnent notre avenir.

Mais comme les taux d'intérêt sont très bas depuis longtemps, certains sont tentés de dire, ou même de penser, que le problème est sans urgence puisque « l'argent ne coûte plus rien » : or rien n'est plus faux comme l'essai s'attachera à le montrer.

Nous en sommes arrivés à un point où ce qui devrait être un complément – c'est-à-dire le recours à l'emprunt au-delà de l'autofinancement – est devenu la norme, et où la fiction financière domine la réalité économique.

Il est temps de mettre fin au règne de l'illusion et de remettre en valeur les ressorts économiques fondamentaux sans lesquels il ne peut y avoir de vraie croissance.

*

Puisqu'on a recouru – « quoi qu'il en coûte » – à l'emprunt pour résoudre tous les problèmes, on est en droit – je dirais qu'on a le devoir – de poser la question suivante :

- Quels ont été les effets de cet endettement massif sur :
  - l'évolution des valeurs de bilan ;
  - la croissance économique ;
  - les gains de productivité ;
  - les risques d'instabilité financière et d'inflation ?

Ne pas se poser ces questions serait comparable au fait de recruter, pour surveiller un barrage, un ingénieur qui ne se préoccuperait pas de la montée des eaux ni des risques courus par les populations des vallées environnantes.

*

Pour répondre avec sérieux à ces interrogations fondamentales, il faut d'abord être en mesure d'évaluer et de comprendre l'évolution et les composantes du bilan global depuis vingt ans.

Il convient de se poser ensuite la question des conséquences économiques et sociales de l'explosion de ce bilan et de la politique monétaire qui la sous-tend.

On tentera, enfin, de dégager les conclusions et recommandations dérivées des constatations faites.

*

L'art de gouverner a recouru, de tout temps, à l'illusion.

Comme la réalité est souvent pénible et difficile à traiter, on cherche, par démagogie, à l'améliorer en la déguisant.

Un exemple : quand la liberté des marchés nous permet d'acheter sans limites à l'étranger des produits de meilleure qualité et moins chers que ceux que nous pouvons produire, l'illusion consiste à prétendre que ces importations sont « normales » et que, de plus, le fait de trouver facilement des moyens de paiement pour les acquérir ne présente pas d'inconvénients : on peut, en effet, s'endetter pour financer le déficit commercial par emprunt des devises nécessaires.

Ou encore, dans un ordre d'idées voisin : quand notre désindustrialisation – croissante depuis trente ans – met au chômage des cohortes entières de travailleurs… (alors que les producteurs étrangers des biens que nous importons désormais peuvent, eux, recruter), l'illusion consiste à penser qu'on pourra toujours accroître le nombre des fonctionnaires et que, pour ceux qui ne retrouveraient pas d'emploi, les allocations de chômage seront rendues plus généreuses.

Un troisième exemple : lorsque la charge d'intérêts de la dette devient élevée et risque de menacer la capacité des gouvernements à emprunter toujours davantage, on recourt à un subterfuge : on diminue les taux d'intérêt en faisant en sorte que des banques centrales achètent des titres d'États pour des montants pratiquement illimités. Il résulte de ces achats que la valeur des titres augmente alors que leurs taux d'intérêt diminuent.

La politique monétaire des dernières années a ainsi permis aux émissions d'obligations des États européens de voir leurs taux d'intérêt tendre vers zéro, et même atteindre des chiffres négatifs : ainsi l'épargne n'était plus rémunérée mais taxée. C'est le règne de l'illusion.

*

Ces trois exemples – malheureusement tirés de la réalité française – ont un trait commun : le caractère structurel des problèmes à traiter. Il ne s'agit pas de financer par l'emprunt des « creux » momentanés, mais de régler des déficits *permanents* en recourant à l'endettement.

Dans le premier exemple, c'est la compétitivité des entreprises qui est en cause (du fait des charges excessives qu'elles supportent, de l'insuffisance de recherche/développement...). C'est un problème qui ne fait que s'aggraver.

Dans le second, c'est la désindustrialisation (reflet de la faiblesse de nos entreprises face à la concurrence internationale) qui crée du chômage ; or ce phénomène, de plus en plus grave, mine notre économie depuis des décennies.

Dans le troisième, c'est l'ampleur des déficits publics accumulés qui est au cœur du problème des taux d'intérêt.

Or ces trois problèmes structurels ont tous reçu la même réponse : « Davantage d'emprunts », que ce soit pour couvrir le déficit commercial, ou pour atténuer, par des dépenses budgétaires génératrices de déficits, les effets du chômage structurel (au moyen d'une administration pléthorique ou d'allocations généreuses), ou que ce soit pour faciliter la poursuite de l'endettement public en faisant baisser artificiellement les taux d'intérêt.

Il faut donc bien comprendre l'impasse dans laquelle ces formes d'endettement nous enferment.

En principe, on ne devrait s'endetter que si l'activité nouvelle rendue possible par l'emprunt est susceptible de générer des ressources additionnelles qui permettent, à leur tour, de rembourser les emprunts en question.

Mais si l'endettement n'a servi qu'à financer des déficits – et non des investissements – aucune activité nouvelle génératrice de revenus futurs n'aura été créée. La dette et son service s'accumuleront donc sans permettre à l'emprunt d'être remboursé (à moins d'une augmentation des impôts ou d'une diminution de la dépense publique, ce qu'on cherche précisément à éviter).

On essaie donc de répondre à des questions de fond par le recours au crédit ou à la création monétaire alors qu'on ne fait qu'en différer la solution véritable qu'on préfère laisser aux générations futures.

Si ce n'étaient que trois exemples isolés, on pourrait relativiser la gravité des problèmes créés par le recours systématique au crédit.

Mais tel n'est pas le cas. La réalité – que cet essai va tenter de décrire – est toute différente.

**Elle ramène à ce constat : depuis vingt ans, nos sociétés ont eu tendance à traiter systématiquement les problèmes économiques et de société en intensifiant le recours au crédit et à la création monétaire.**

*

Certains diront :

« Dans un monde vieillissant, il est normal que l'épargne dépasse les besoins d'investissement et donc que le taux d'intérêt "naturel" diminue. Refinancer les échéances par de nouveaux emprunts à bas taux fait beaucoup de sens. »

À quoi on peut répondre que la stimulation par l'endettement ne peut être infinie : au-delà de certaines limites, elle crée plus de problèmes qu'elle n'en résout et l'inflation, comme on le constate aujourd'hui, finit par réapparaître.

Or ce qui est surprenant dans la situation actuelle, c'est l'absence quasi-totale chez nos élites dirigeantes de préoccupation quant aux limites de l'endettement, et aux vulnérabilités qu'il crée.

Cet essai vise à répondre à ce désintérêt, à montrer les dangers qu'il provoque et à suggérer comment en sortir.

*

Je tiens à remercier tout particulièrement le McKinsey Global Institute dont le dernier rapport *The Rise and*

*Rise of the Global Balance Sheet*[2] [*La Montée et la montée du bilan global*] est essentiel à la compréhension du sujet et dont je me suis beaucoup inspiré. Je suis reconnaissant à M. Eckhart Windghagen de m'avoir adressé personnellement ce rapport.

J'exprime aussi ma reconnaissance à Didier Cahen, le secrétaire général d'Eurofi, dont les conseils, la relecture méticuleuse du manuscrit et les *score boards* – économiques et monétaires – m'ont été précieux.

Je remercie également Ivo Maes, de la Banque nationale de Belgique, pour ses remarques judicieuses et pour sa lecture attentive.

Enfin, je souhaite remercier madame Odile Jacob qui, une fois de plus, m'a aidé de ses remarques avisées et de ses encouragements.

2. McKinsey Global Institute, *The Rise and Rise of the Global Balance Sheet. How Productive Are We Using Our Wealth ?*, novembre 2021.

CHAPITRE I

# Où l'on voit que la dette globale a atteint aujourd'hui le record historique de 300 trillions de dollars

D'après les tout derniers chiffres de l'Institut de finance internationale, la dette globale vient de dépasser le chiffre de 300 trillions de dollars (1 trillion = 1 000 milliards).

Ce chiffre, record absolu en temps de paix, représente 360 % du PIB mondial[1].

Ces données sont les plus compréhensives en ce qu'elles incluent la dette des institutions financières.

Le FMI, pour sa part, ne retient que la dette des États, des ménages et des sociétés non financières.

En effet, on peut considérer que la dette des institutions financières augmente artificiellement – au moins en partie – le montant global en introduisant un élément de redondance. Les institutions financières ont

1. Le PIB mondial étant évalué à 85 trillions de dollars.

pour objet de faciliter l'endettement des autres agents économiques en « intermédiant » (s'interposant entre) l'épargne et les investisseurs. Ce qu'elles empruntent est, en grande partie, reprêté (et donc compté deux fois).

Mais la conception globale a l'avantage de donner une idée plus complète des risques courus par l'ensemble des acteurs du système... il faut alors inclure les institutions financières.

Arrêtons-nous un instant pour jeter un coup d'œil sur l'*ampleur de la dette globale et son évolution depuis quelques années*, selon les définitions, plus restrictives, du FMI.

En 1970, la dette globale s'élevait à 100 % du PIB mondial.

**Graphique 1.** La dette globale monte inexorablement

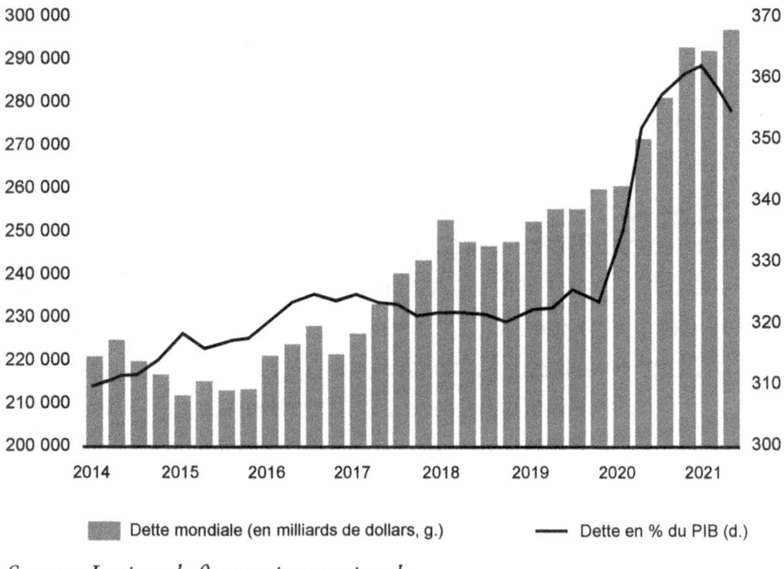


*Source : Institut de finance internationale.*

En 2020 elle en représentait 250 %, *soit une hausse en termes réels de 2,5 fois en cinquante ans*[2].

Son montant – de 230 000 milliards de dollars – se répartit en trois composantes :

– 24 % du total pour les ménages (soit 55 % du PIB mondial) ;

– 36 % pour les entreprises non financières (soit 83 %) ;

– 40 % pour la dette publique (soit 92 %).

Mais il faut remarquer aussi que la dette globale a perdu considérablement en qualité depuis quelques années.

Alors que la part de la dette des entreprises non financières cotées BBB (c'est-à-dire en dernière position parmi les sociétés de bonne qualité dites *investment grade*) représentait 25 % du marché en Europe et 40 % aux États-Unis en 2011, les chiffres sont aujourd'hui de 50 % dans les deux régions. Ce qui veut dire que la qualité des émetteurs s'est détériorée rapidement en Europe depuis dix ans.

La gravité de cette détérioration qualitative de la dette mondiale pèse sur la fragilité du secteur financier : plus la dette augmente, et plus les emprunteurs – dont une partie est surexposée – s'enfoncent dans la dette, plus la probabilité et la gravité des crises à venir s'intensifient.

Il faut bien comprendre le rôle qu'a joué la politique monétaire de bas taux d'intérêt pendant longtemps dans cette détérioration de la qualité du crédit.

2. Si l'endettement s'était borné à financier le PIB au même rythme que la croissance économique, il serait resté à 100 % du PIB. La différence entre 100 et 250 % reflète le fait que la croissance de l'économie est devenue beaucoup plus utilisatrice de crédit que ce n'était le cas autrefois, quand les deux rythmes (croissance et financement) allaient plus ou moins du même pas.

*Un environnement de taux d'intérêt très bas conduit les acteurs financiers à rechercher du rendement et donc à prendre de plus en plus de risques.* Cela peut concerner le risque de crédit (les opérateurs acceptent de prêter à des entreprises déjà surendettées) et le risque de liquidité (on allonge la durée des crédits et on abaisse le niveau d'acomptes liquides exigé).

On conçoit que, dans cette quête du rendement (*search for yield*), les « non-banques » (par exemple les *hedge funds*) soient devenues de plus en plus vulnérables car elles sont beaucoup moins réglementées que les banques.

La question qu'on doit se poser alors est celle-ci.

Comment se fait-il que la politique monétaire – traditionnellement appréhensive face à la poussée de l'endettement des agents économiques – se soit si facilement accommodée de cette explosion de la dette globale ? On reviendra à cette question lancinante dans le chapitre consacré à la politique monétaire.

*

La dette publique a littéralement explosé depuis 1980 et elle a augmenté de 19 points de PIB au cours de la seule année 2020 du fait de la pandémie.

Une partie des États endettés – notamment ceux en développement – ne pourront faire face aux charges nées de leurs engagements[3]. Ce qui veut dire que notre système financier – surexposé – est vulnérable.

3. Voir les articles de William Rhodes et John Lipsky publiés par le *Wall Street Journal* du 31 janvier 2022 : « Stemming a sovereign debt crisis », et par le

*

Maintenant que la dette a atteint des montants records, on commence à s'apercevoir que la sortie du surendettement, pourtant nécessaire, sera difficile. Elle peut en effet susciter la crainte de la *debt deflation* et/ou d'un profond désordre des marchés.

Mais il faut oser dire le vrai et reconnaître que les crises financières sont toujours le résultat d'un excès d'endettement comme cela fut le cas en 2008. Ce qui est mystérieux, c'est que l'expansion – tout à fait anormale – du crédit n'a pas attiré l'attention des banquiers centraux alors que l'évolution du crédit a toujours constitué un clignotant fondamental sur le tableau de bord des instituts d'émission. En effet, l'expansion du crédit alimente la demande intérieure et contribue à la hausse du prix des actifs. L'éclatement des bulles d'actifs est la conséquence naturelle de taux durablement bas et d'une politique monétaire très accommodante.

Cette politique a été asymétrique : elle a stimulé l'activité aux premiers signes de ralentissement de la croissance alors qu'elle a été plus réticente à resserrer lorsque la surchauffe apparaissait. Une illustration de cette approche a été l'injection de liquidités par la Fed pour prévenir une tendance déflationniste redoutée, mais à tort, en 2002. Cette réaction excessive a produit une bulle de demande massive[4]. Si, comme le

*Financial Times* du 24 mars 2022 : « Act now to prevent a new sovereign debt crisis in the developing world ».

4. Voir du professeur John B. Taylor de Stanford, *Getting off Track : How Government Actions and Interventions Caused, Prolonged and Worsened the Financial*

voulait – mais de façon contestable – le « politiquement correct », on ne souhaitait pas relever les taux d'intérêt face à cet endettement généralisé, il aurait été au moins souhaitable de pratiquer une politique « macroprudentielle » adaptée aux différents pays et aux circonstances. Certains pays particulièrement sujets à l'inflation auraient renforcé les contraintes de caractère réglementaire (par exemple en augmentant le taux minimum des apports en capital exigés pour obtenir un crédit immobilier). Mais ces réactions face à l'ampleur de l'endettement n'eurent pas lieu. Les leçons n'ont pas été tirées et les épisodes de crises ultérieurs n'ont pas été évités alors que les clignotants de l'endettement excessif ne cessaient de se manifester.

Ces considérations, jointes à l'impossibilité d'accumuler un endettement infini, amènent inéluctablement à mettre en œuvre un processus d'assainissement des bilans des agents économiques.

Or ce processus de « réparation des bilans », loin d'être entamé, a encore été différé avec la crise sanitaire et le conflit ukrainien qui ont alourdi l'endettement global.

La tâche, rendue difficile par les excès passés, est pourtant inévitable[5]. Elle sera d'autant plus réalisable que la croissance de l'économie mondiale sera porteuse.

Or, seule la reprise de l'investissement productif – convenablement rémunéré – permettra de contribuer

---

*Crises* (Hoover Institution Press, 2009). Le professeur Taylor affirme qu'il existe « des preuves évidentes d'excès monétaires pendant la période précédant le boom immobilier ».

5. Le bilan d'une entité ou d'un pays peut être comparé au bilan sanguin d'un être humain : ne pas s'en occuper alors qu'il comporte des éléments inquiétants, serait lourd de conséquences.

à la croissance et de commencer à normaliser la dette globale.

On montrera plus loin que le paradigme actuel – qui tend à l'accroissement des valorisations des actifs au détriment de la croissance – ne pourra permettre cette indispensable normalisation.

*

Pour répondre avec sérieux aux questions fondamentales évoquées ci-dessus, il faut d'abord être en mesure d'évaluer et de comprendre l'évolution et les composantes du bilan global depuis vingt ans.

Il convient de se poser ensuite la question des conséquences économiques et sociales de l'explosion du bilan global et de la politique monétaire qui la sous-tend.

On tentera, enfin, de dégager les conclusions et recommandations dérivées des constatations faites.

CHAPITRE II

# Où l'on voit que le bilan global a triplé en vingt ans, ce qui est sans rapport avec l'évolution de la croissance réelle, beaucoup plus faible

Il est possible d'appliquer à un pays les normes comptables du secteur des entreprises, ce qui a le mérite d'aborder la réalité économique et financière sous l'angle de phénomènes tels que la valeur de l'actif net, le retour sur actifs, le ratio d'endettement, etc. Ces indications complètent utilement les données de flux de la comptabilité nationale (PIB) et éclairent le fonctionnement de notre système financier.

Il est permis d'agréger au niveau mondial les données par pays pour obtenir le « bilan global ».

Telle est la méthode suivie par McKinsey et exposée dans son rapport : *The Rise and Rise of the Global Balance Sheet*[1].

Que nous dit ce « bilan global » ?

## *D'abord qu'il représente aujourd'hui le montant faramineux d'environ 18 fois le PIB mondial, marquant, ainsi, un record historique*

Le total du bilan global se répartit comme suit en trillions de dollars :

- 510 trillions de dollars : actifs financiers détenus par les sociétés financières ;
- 510 trillions de dollars : actifs financiers détenus par les ménages, les gouvernements et les entreprises non financières ;
- 520 trillions de dollars : actifs réels (non financiers : machines, usines, immeubles, infrastructures, stocks de matières premières, intangibles…) ;
- Total du bilan : 1 540 trillions de dollars ;
- PIB mondial : 85 trillions de dollars.

Les trois éléments constitutifs du bilan global – chacun autour de 500 trillions – donnent une idée de la structure et du fonctionnement de notre système économique et financier :

---

1. McKinsey Global Institute, *The Rise and Rise of the Global Balance Sheet*, *op. cit.* L'analyse est centrée sur 10 pays qui représentent environ 60 % du PIB global : Australie, Canada, Chine, France, Allemagne, Japon, Mexique, Suède, Royaume-Uni et États-Unis.

- un tiers représente les biens réels produits et accumulés ;
- un tiers représente les actifs financiers des ménages, des entreprises non financières et des États ;
- un tiers représente les avoirs détenus par les institutions financières en tant qu'intermédiaires et transformatrices entre l'épargne et l'investissement.

## *En second lieu, on constate que ce bilan global s'est massivement gonflé depuis les vingt dernières années : il a triplé*

Depuis 2000, le bilan global – et la valeur nette (*net worth*) – a triplé (voir graphique 2).

**Graphique 2.** Le bilan global a triplé en vingt ans

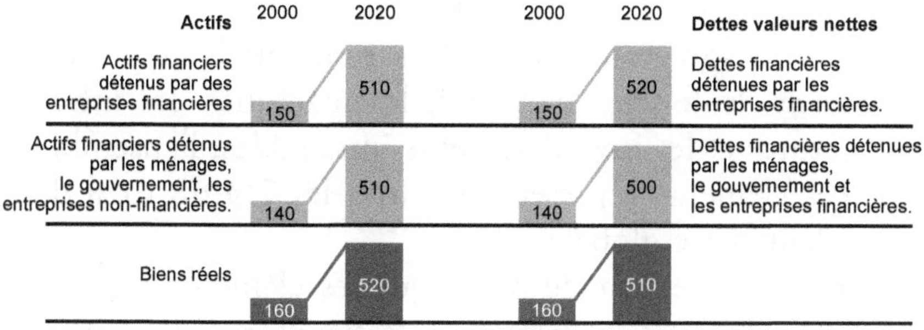


*Source : McKinsey.*

Ainsi, la valeur nette des actifs des ménages, des entreprises non financières et des États est passée de 140 trillions en 2000 à 510 trillions en 2020, la Chine représentant 50 % de cette fulgurante croissance.

McKinsey arrive à un chiffre d'engagements – *liabilities* » – (1 020 trillions de dollars) du bilan global très supérieur à l'évaluation de l'endettement global par l'Institut de finance internationale (300 trillions).

Cette différence tient au fait que l'IIF répertorie les contrats d'endettement proprement dits à leur valeur contractuelle alors que la méthodologie de McKinsey évalue les actifs globaux au prix de marchés et en dérive la contrepartie *liabilities*, celle-ci comprenant non seulement les contrats d'emprunts mais aussi l'effet des valorisations d'actifs ainsi que les fonds propres.

La taille de l'écart entre les deux évaluations reflète notamment les conséquences des baisses de taux d'intérêt intervenues ces dernières années et donc l'ampleur des hausses corrélatives de valorisations.

Si l'on agrège les immeubles résidentiels et professionnels, le foncier non bâti, les machines, les infrastructures et les investissements intangibles, l'ensemble de ces éléments représente environ les 2/3 du total de la valeur nette globale.

Il est intéressant de noter que les éléments les plus « productifs » de la richesse (infrastructures, machines, équipement, intangibles) ne représentent que 20 % de la richesse nette totale qui reste dominée par l'immobilier essentiellement résidentiel.

Un pays comme la France a relativement peu développé son capital d'intangibles[2], qui représente 15 % de sa richesse, alors que l'importance de cette forme d'actifs dénote la plus ou moins grande aptitude à se préparer aux changements technologiques.

La valeur nette du secteur des ménages a explosé en raison des hausses des actions et de l'immobilier depuis 2000[3].

## *La richesse nette (*wealth*) a augmenté beaucoup plus vite que les revenus*

**Du fait de la politique monétaire très accommodante, les prix des actifs financiers et immobiliers ont augmenté hors de proportion avec les revenus. Cela marque une rupture avec les antécédents historiques.**

Avant 2000, la richesse nette (valeur des actifs au prix du marché) évoluait en grande partie et sauf exceptions[4] en harmonie avec le PIB. La valeur moyenne du ratio

2. Dans le langage économique actuel, l'élément « intangible » se distingue des biens matériels (bâtiments, machines, usines...) et s'applique aux services et notamment aux services dématérialisés, liés à l'informatique.

3. La valeur nette du secteur des ménages est passée de 4,2 fois le PIB en 2000 à 5,8 fois le PIB en 2020, dépassant ainsi la croissance globale de la valeur nette.

4. Exemple : la poussée immobilière aux États-Unis dans les années 1970, la bulle d'actifs au Japon à la fin des années 1980.

richesse nette sur PIB est de 50 % supérieure en 2020 à sa valeur moyenne avant 2000.

Le graphique 3 illustre la rupture intervenue autour de l'année 2000.

Les épargnes excédentaires n'ayant pas donné lieu à des investissements productifs, ont été canalisées en grande partie vers l'immobilier. Au total, c'est un système peu productif (financement par la dette de dépenses courantes, transactions sur immeubles anciens) qui génère des valorisations d'actifs élevées alors que la croissance réelle reste modeste.

*

**La découverte centrale des travaux entrepris par McKinsey est la suivante : au niveau de l'économie globale, le lien historique entre la croissance de la richesse (*net worth*) et celle de la production (PIB) ne se vérifie plus. La croissance économique a été modeste depuis vingt ans alors que les valorisations ont bondi. Le rythme de ces dernières – qui allait traditionnellement au même pas que le PIB – est supérieur aujourd'hui de 50% à la relation historique.**

McKinsey a calculé que *77 % de la croissance de la valeur nette enregistrée au bilan de 2000 à 2020 proviennent de la hausse des prix et des valorisations d'actifs* (et seulement 23 % de la création de ressources réelles).

Dans l'environnement d'aisance monétaire quantitative et de taux bas – ou négatifs – entretenu par les banques centrales depuis près de quinze ans, les valorisations d'actifs financiers ont bondi, permettant aux détenteurs d'actions, notamment, de réaliser des gains supérieurs aux rémunérations normales (*operating returns*).

On comprend, dans ces conditions, que les investisseurs aient donné la priorité à la réalisation de profits rapides sur valorisations plutôt que de s'engager (sans rémunération) dans le financement de projets risqués à long terme.

**Graphique 3.** La financiarisation en un graphique

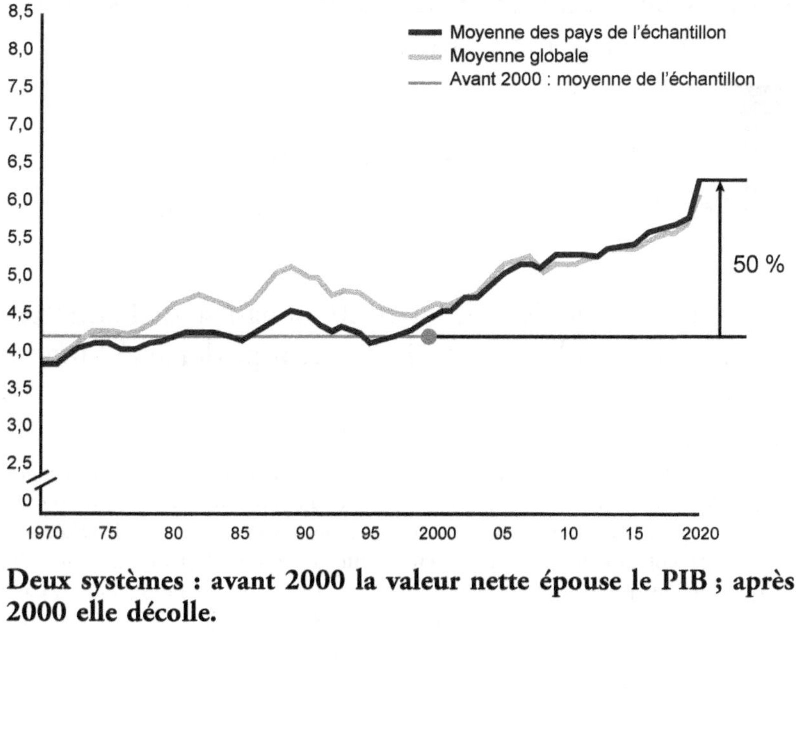


**Deux systèmes : avant 2000 la valeur nette épouse le PIB ; après 2000 elle décolle.**

**Cette observation est importante.**
**Une économie ne saurait fonctionner**
**dans la durée et pour le bien de tous,**
**si les choix des investisseurs sont orientés**
**(du fait, notamment, de la politique monétaire)**
**vers les opportunités spéculatives immédiates**
**et les gains sur valorisations,**
**plutôt que vers les perspectives**
**de croissance à long terme.**

Ne nous leurrons pas : si le stock d'investissements productifs *a décliné* depuis vingt ans (de près de 3 % du PIB mondial), c'est en grande partie parce que les investissements réels – risqués, à moyen et long terme – ont été découragés du fait d'une rémunération zéro voire négative, au profit de placements liquides, certes non rémunérés, mais sans risques[5].

## *Pendant vingt ans, l'endettement a dépassé l'investissement*

Sur la période de 2000 à 2020, la hausse de l'endettement – au sens large – a, de beaucoup, dépassé l'investissement.

5. En effet, lorsque les taux d'intérêt sont nuls, il est difficile à un agent économique de prendre les risques qui s'attachent à tout investissement à long terme, sans recevoir aucune rémunération. Des opérations spéculatives ou détachées de l'investissement productif fleurissent en continu dans un tel environnement. Un rachat d'actions par une entreprise – rachat financé par un emprunt dont le coût est nul – est normalement préféré à un investissement risqué à long terme, par exemple dans l'énergie renouvelable. Mais, contrairement à l'investissement physique, le rachat d'actions ne fait que rémunérer les actionnaires. Il ne crée pas de richesse.

On a calculé (McKinsey) qu'il a fallu en moyenne mettre en jeu 4 dollars d'engagements (dette et assimilés) pour créer 1 dollar d'investissement net durant cette période.

**Même si on relève, en ce domaine,
de fortes disparités de pays à pays,
il reste que ce multiplicateur de 4 dénote
un effet de levier considérable
– un record historique – qui ne peut que susciter
des inquiétudes sur la soutenabilité
de cet endettement, dans l'avenir.**

Autant il est normal de s'endetter pour investir, autant il est dangereux de voir les engagements financiers se gonfler bien au-delà des besoins d'investissements. C'est le signe d'une surexposition à la dette au titre notamment du financement des dépenses courantes et des déficits du secteur public.

Si l'on regarde le rapport entre valeur et production (valeur nette/PIB) on voit qu'avant 2000 ce ratio était généralement stable (la hausse de ce ratio, observée parfois dans le passé, était essentiellement due à l'immobilier). *Mais, depuis 2000, la valeur nette ainsi que celle des actifs réels croissent – et constamment – plus vite que le PIB.*

## *La « bulle immobilière » illustre ce phénomène de la croissance nominale des actifs*

La valeur des immeubles détenus par les ménages est passée de 4,2 fois le PIB global en 2000 à 5,7 fois en 2020 (soit 35 % d'augmentation réelle).

La poussée des valeurs immobilières – alors que la croissance des rendements locatifs avait tendance à se modérer[6] – montre leur contribution à la « spéculation » mondiale.

Le graphique ci-dessous illustre la hausse des valorisations immobilières aux États-Unis et en Europe.

Entre 2015 et 2019, les prix de l'immobilier ont augmenté d'environ 23 % dans les pays de l'OCDE. Mais avec les mesures prises par les banques centrales à la suite de la pandémie, la hausse des prix est montée en 2021 à 55 % aux États-Unis par rapport à 2015 et à 32 % dans la zone euro (et 42 % pour l'OCDE).

**On voit ainsi que la progression de ces valeurs immobilières depuis 2015 est comparable à celle observée entre 2000 et 2007… et qui avait conduit à la crise de 2008. Cette comparaison – inquiétante – devrait nous interpeller.**

6. Une « bulle » consiste à acheter des actifs non pour leur rendement mais pour les plus-values réalisables en cas de revente.

**Graphique 4.** Dynamique des prix des actifs immobiliers

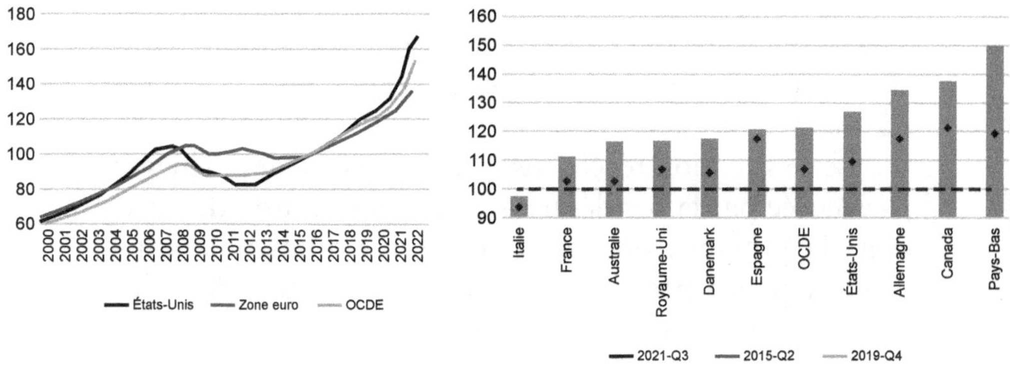


*Source : OCDE. Eurofi Monetary Scoreboard, février 2022.*
Graphique 4a : indice des prix du logement (Q2-2015 = 100).
Graphique 4b : rapport des prix immobiliers aux revenus (Q2-2015 = 100).
**Le prix de l'immobilier augmente depuis 2015 aussi vite qu'avant la crise de 2008 ; c'est vrai aussi par rapport aux revenus.**

Le graphique 4 donne l'évolution depuis 2015 du rapport prix sur revenus. Il souligne que les prix immobiliers croissent constamment plus vite que les revenus disponibles ce qui décourage l'acquisition d'appartements par les jeunes en centre-ville.

La baisse – historique – des taux d'intérêt des crédits hypothécaires explique en grande partie la poussée des valorisations immobilières dans un environnement où la demande de logements (pour raisons démographiques notamment) est loin d'être le seul élément explicatif.

*L'importance de la hausse des « valorisations » sur le patrimoine existant par rapport à la création de mètres carrés nouveaux est particulièrement marquée en France* : en 2020, les transactions sur l'ancien (qui aboutissent seulement à faire « circuler » entre propriétaires le stock existant de logements sans extension du parc) ont représenté 94 % du nombre annuel des transactions immobilières totales en 2021[7]. La demande et les conditions très favorables du crédit immobilier[8] expliquent la hausse des prix constatée.

Cette situation révèle aussi une tendance des ménages – accusée par la pandémie – à quitter le centre de Paris vers la province ou des zones périurbaines plus lointaines, plus vertes, moins onéreuses – mais dont les prix ont tendance à augmenter – et compatibles avec le télétravail.

## *Jetons un coup d'œil enfin au bilan global pendant la pandémie*

Pour protéger le pouvoir d'achat de leurs citoyens dans des économies dont des pans entiers ont été mis à l'arrêt par la puissance publique, les États ont intensifié leurs recours à l'emprunt. Dans le même temps, la politique monétaire de taux zéro et du financement de l'économie par les banques centrales, *quantitative easing*, favorisait la montée de la valeur des actifs financiers.

De la sorte, on a constaté en 2020 :

- une forte hausse de l'endettement des entreprises financières : + 42 trillions ;

7. Sur douze mois glissants fin octobre 2021, le nombre des transactions sur l'ancien s'est élevé au chiffre-record de 1 130 000. Sur la même période, les transactions sur le neuf ont été de 82 000 (Conseil supérieur du notariat).
8. Le taux d'intérêt moyen sur crédits à l'habitat en 2021 a été de 1,05 %, le plus bas de l'histoire.

- une forte hausse de l'endettement du secteur non financier, et surtout des États : + 44 trillions ;
- alors que la valeur nette et celle des actifs réels n'augmentaient « que » de 16 trillions, du fait du ralentissement économique.

L'illusion était que l'économie « n'allait pas trop mal » en raison de l'expansion du bilan global. Mais la réalité était que cette expansion, à base d'endettement, était essentiellement financière et que la production diminuait.

En bref, pour compenser un PIB déclinant du fait de la pandémie, il fallait augmenter considérablement l'endettement, notamment public.

CHAPITRE III

# L'évolution du bilan global illustre la vulnérabilité croissante du système financier, la baisse de l'investissement productif, la faible productivité de l'économie et l'intensification des inégalités sociales

Trois phénomènes majeurs ressortent de l'examen de ce bilan global.

## *En premier lieu l'évolution du bilan global reflète la baisse de l'investissement productif*

Les travaux du Fonds monétaire international montrent que l'investissement productif global *a baissé* depuis vingt ans.

Le graphique ci-dessous illustre le déclin – inquiétant – du stock d'investissements productifs non résidentiels des pays avancés.

**On voit que, depuis vingt ans, l'investissement productif a fortement décliné (de 2,5 points de PIB) ce qui explique en partie la relativement faible croissance économique des pays dits « avancés » pendant cette période.**

Même quand on ajoute à l'investissement productif proprement dit le montant des investissements « intangibles » (par exemple la valeur des brevets ou

**Graphique 5.** Économies avancées : investissement fixe tangible non résidentiel en % du PIB

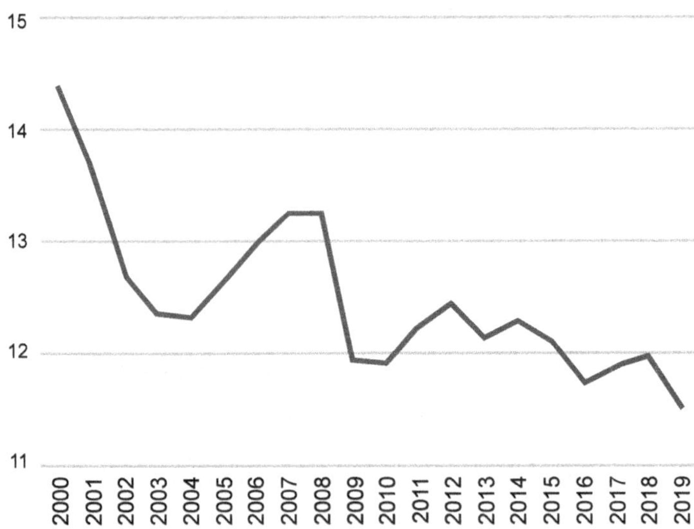


*Source : OCDE, calcul du staff du FMI. Eurofi Monetary Scoreboard, août 2021.*

**Le stock d'investissements productifs non résidentiels ne fait que décliner depuis vingt ans dans les pays avancés.**

de nouveaux logiciels), qui sont un élément important de notre « transformation numérique », on observe que l'investissement total non résidentiel n'augmente pas en termes réels[1].

**C'est là une observation décisive : en effet, on n'a jamais assisté dans l'histoire à une croissance économique substantielle et prolongée, sans hausse des investissements productifs.**

C'est une donnée essentielle de notre déclin économique, donnée à laquelle on a prêté pourtant peu d'attention. *Sous les apparences de richesse accrue que reflète le gonflement du bilan global, se dissimule une sombre réalité : la baisse de l'investissement productif.*

Les chiffres parlent d'eux-mêmes.

De fait, cette baisse de l'investissement non résidentiel et le ralentissement du rythme des gains de productivité contribuent à expliquer une croissance déclinante :

- de 1993 à 2002 : la croissance moyenne annuelle des pays avancés avait été de 3,3 % en termes réels ;
- de 2001 à 2010 : elle n'était que de 1,7 %.

La croissance économique a donc baissé de près de moitié depuis vingt ans. Et cela est concomitant à la baisse des taux d'intérêt en termes réels. Taux d'intérêt moyen à long terme (à dix ans des pays avancés) :

1. Les investissements intangibles (brevets, marques, copyright ou software...) ont peu augmenté depuis vingt ans dans les pays avancés, passant de 4,3 % du PIB en 2000 à 5 % en 2019. Cette hausse n'a pas compensé le déclin de l'investissement productif non résidentiel qui a baissé (en stocks) de 19 % du PIB en 2000 à 16,5 % en 2019.

– 2001-2010 : 2,1 % ;
– 2010 à 2020 : 1,2 %.

Il faut donc dissiper une illusion sur laquelle on a vécu depuis vingt ans : à savoir que la baisse des taux d'intérêt entraîne, par elle-même, une augmentation de l'investissement productif.

C'est ici qu'il faut rappeler l'enseignement de Keynes. Le grand économiste était, certes, favorable à des taux d'intérêt bas. Mais il mettait en garde contre des taux « trop bas ». Il craignait que les épargnants – s'ils étaient trop peu ou pas rémunérés sur leur épargne – ne se détournent de l'investissement à long terme dont les risques et la durée nécessitent un minimum de rémunération.

Il dénonçait le danger de la « trappe à liquidités », c'est-à-dire la tentation de conserver son épargne en avoirs liquides (billets, comptes en banque).

Si la rémunération des créances longues devient trop faible et tend vers zéro (voire vers des chiffres négatifs) le risque est, en effet, grand de voir les épargnants se détourner des investissements à long terme pour conserver des liquidités, certes non rémunérées mais immédiatement disponibles et sans risques.

**L'illusion est que les taux d'intérêt à zéro favorisent l'investissement.**
**La réalité est qu'ils poussent à conserver de la liquidité plutôt que d'investir.**

C'est ce qui résulte d'une étude récente de l'Observatoire de l'épargne européenne. Elle montre la montée inexorable, depuis quinze ans, de la partie la plus liquide de l'épargne des ménages.

*On voit sur ces graphiques que la part la plus liquide de l'épargne financière des ménages a bondi* (en Allemagne elle est passée de 7 % du total à 20,6 % de 1995 à 2020, de 7,5 à 23 % en Espagne, de 5,5 à 8,4 % en France...). Ce phénomène s'est accentué pendant la crise du Covid, mais lui est antérieur.

**Graphique 6.** La trappe à liquidités est à l'œuvre :
la part des épargnes liquides s'accroît fortement partout

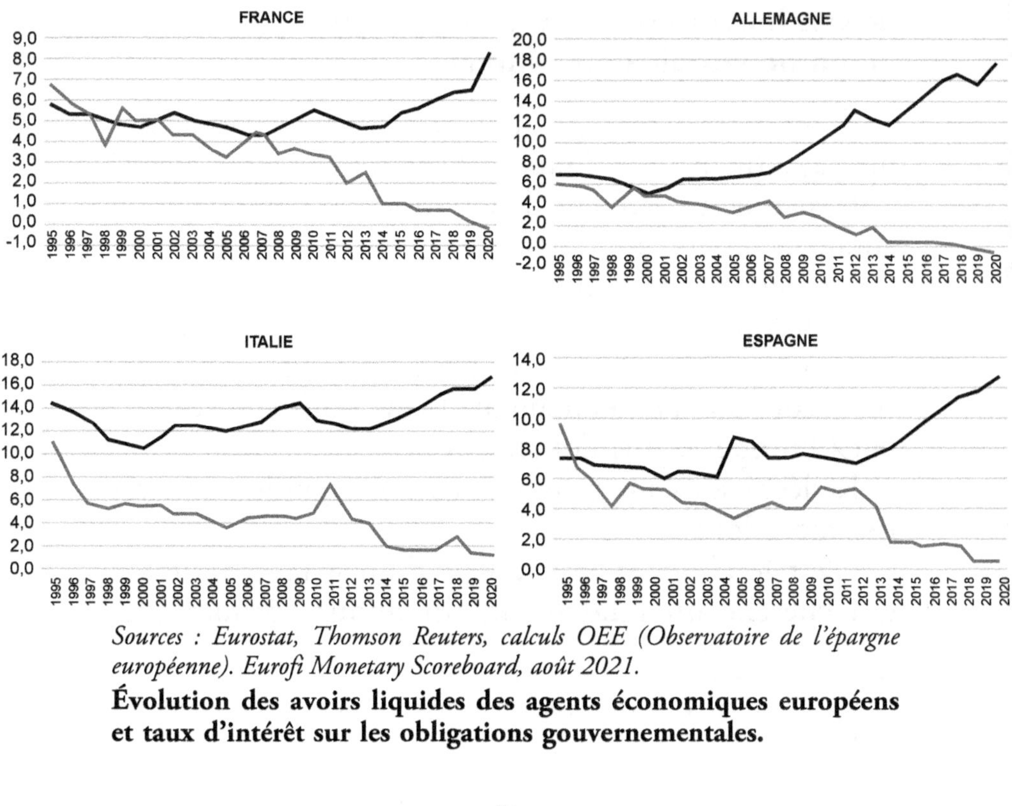


*Sources : Eurostat, Thomson Reuters, calculs OEE (Observatoire de l'épargne européenne). Eurofi Monetary Scoreboard, août 2021.*

**Évolution des avoirs liquides des agents économiques européens et taux d'intérêt sur les obligations gouvernementales.**

De fait, comme on aurait dû s'y attendre, la très faible rémunération offerte par des investissements risqués et à long terme a détourné l'épargne vers des placements liquides. Il est illusoire de penser que cette politique systématique de taux bas puisse, un jour, permettre les investissements majeurs que requiert le changement climatique.

Il convient de rappeler ici (graphique 7) que 25 % de la dette émise en Europe l'était encore à taux négatif en 2021, du fait des achats de titres obligataires par les banques centrales[2].

## Or les conséquences de cette « taxation » de fait de l'épargne et du raccourcissement de son horizon sont d'une importance qu'on ne saurait sous-estimer.

Il faut rappeler ici que, bon an mal an, l'épargne des ménages finance, en France, 90 % de l'investissement.

L'épargne est le cœur de l'économie : sans elle il n'y aurait ni progrès ni croissance.

Or décider, d'un trait de plume, que cette pompe essentielle n'allait plus recevoir aucune reconnaissance ni rémunération, mais serait taxée – par un taux négatif – confond l'entendement. C'est pourtant ce qu'a fait l'Europe depuis des années.

Réfléchissons un instant à ce que signifie « l'investissement long ».

C'est le choix et la stratégie d'un gérant de fonds qui cherche un rendement, un retour économique,

2. Aujourd'hui (avril 2022) le pourcentage des émissions à taux négatifs est tombé à… 10 %.

dans le temps. Et, parallèlement, c'est la volonté d'un investisseur de s'engager dans un projet – risqué – à long terme.

Mais lorsque l'incertitude sur le futur, l'aversion au risque et l'absence de rémunération se combinent, il est évident que la perspective d'investissement à long terme s'efface au profit du placement défensif, sans risque et liquide.

**Graphique 7.** Nous avons vécu longtemps avec des taux longs – nominaux – négatifs

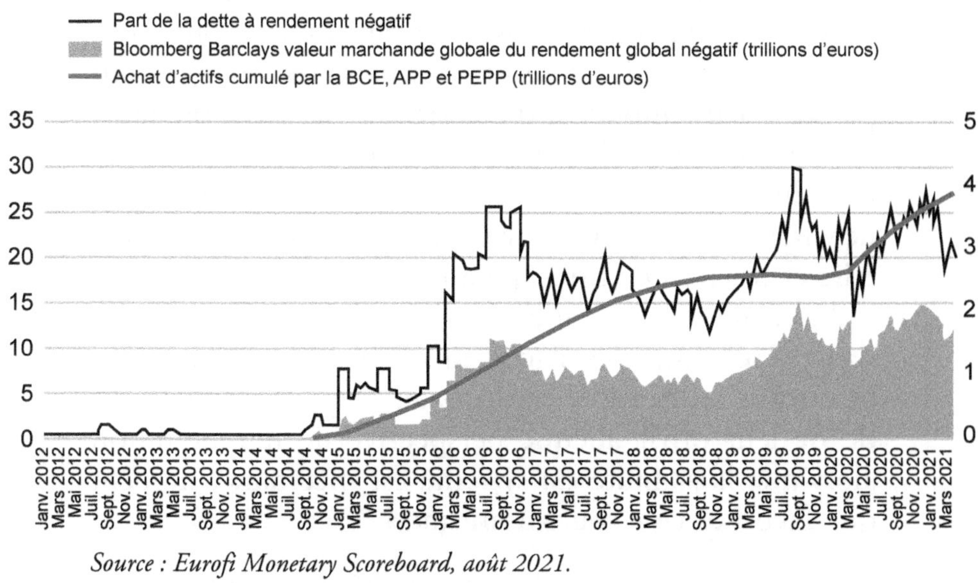


*Source : Eurofi Monetary Scoreboard, août 2021.*

PEPP (*pandemic emergency purchase program*) ; programme d'achats d'urgence face à la pandémie.

APP (*asset purchase program*) : programme d'achats actifs.

**Part de la dette obligataire rémunérée de façon négative dans la zone euro. En mars 2021 un quart des obligations comportait des taux négatifs.**

*Laisser les épargnes s'orienter vers les actifs liquides, c'est pénaliser l'investissement long.* Certes, les institutions financières peuvent, dans une certaine mesure, « transformer » les épargnes liquides en emplois plus longs[3]. Mais le fait d'écarter les épargnants des projets à long terme – par absence de rémunération – et de « perdre » cette source, essentielle, de financements directs, aboutit à réduire et à raccourcir la capacité de transformation du système financier et, par conséquent, l'horizon de la durée des investissements.

On dira que ce sont des facteurs séculaires (vieillissement, abondance d'épargne) qui expliquent la baisse « naturelle » du taux d'intérêt. Ces phénomènes ont certes joué un rôle, mais en réalité, les banques centrales ont puissamment amplifié cette tendance à la baisse des taux. Comme le montre le graphique 8, elles ont maintenu les taux directeurs à moins de zéro en termes réels depuis près de vingt ans et pratiqué une politique de croissance monétaire et d'achats de titres qui a poussé les taux à la baisse.

Les acteurs du monde financier n'ont que trop tendance à se méfier des placements longs. Ils sont, en effet, et surtout en Europe, « averses au risque ». Mais le fait de ne leur offrir aucune perspective de rémunération alors que la stabilité du système est incertaine, ne peut que favoriser ce « court-termisme ».

---

3. Les banques ont, au passif de leurs bilans, des dépôts surtout à vue ou à court terme. Avec ces dépôts, les banques peuvent financer des crédits à moyen terme à leurs clients (qui figurent à l'actif). Mais cette « transformation » de dépôts à vue en crédits longs a une limite, celle de la régulation bancaire (minimum de fonds propres, de liquidité, maximum de levier). Pour mieux équilibrer la transformation, les banques recourent aussi à des ressources longues (titres obligataires émis sur le marché). On comprend que l'accroissement de la part des dépôts liquides contribue à modifier, en la raccourcissant, la durée moyenne des crédits à l'économie.

**Graphique 8.** Taux directeurs réels aux États-Unis et en zone euro, en points de pourcentage

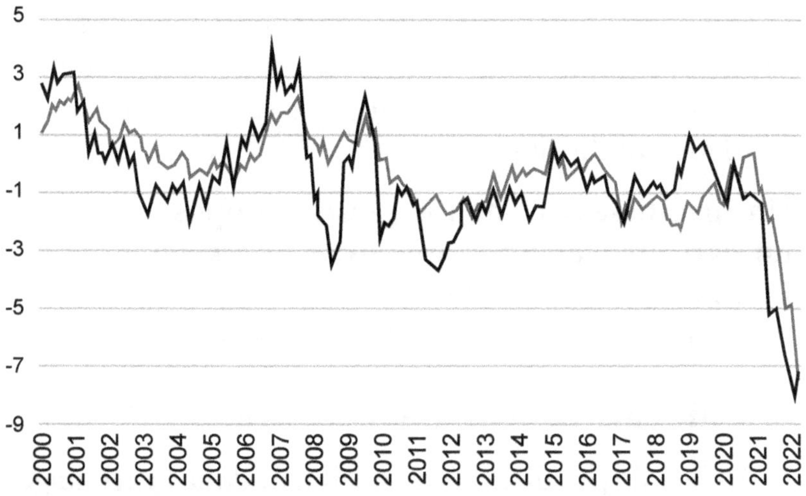


*Source : BIS, BRI, Eurostat, OCDE.*

**Depuis vingt ans les banques centrales maintiennent leurs taux directeurs en dessous de 0 en termes réels (taux nominaux moins inflation).**

**Si nous voulons avoir la moindre chance de réaliser les immenses transitions énergétiques et écologiques qui s'avèrent indispensables[4] et qui ne pourront être financées que par l'épargne des ménages (et non par la création monétaire), il faudra bien se résoudre à restaurer les deux conditions nécessaires à l'investissement long :**

**– la stabilité financière qui rassure sur l'avenir (alors que l'inflation brouille l'horizon) ;**

4. Selon la Commission européenne, la transition énergétique et digitale requerra 650 milliards d'investissements publics et privés annuels jusqu'en 2030, soit 5 % du PIB par an.

**– une rémunération suffisante des risques encourus sur financements à long terme.**

Force est de constater que la politique monétaire « ultra-accommodante » et la faiblesse – historique – des taux d'intérêt n'ont permis de remplir aucune de ces deux conditions.

**Un investissement de long terme suppose un pari sur l'avenir et une prise de risque. Et c'est l'investissement productif à long terme qui permet à une économie de progresser, d'accroître sa productivité et d'affronter les transitions nécessaires.**

Au lieu de pénaliser l'épargne, il faut donc l'encourager et lui permettre de retrouver le chemin du long terme.

## *En second lieu, malgré l'aisance monétaire, des tensions de plus en plus vives se manifestent sur l'appareil productif*

Essayons de comprendre le paradoxe suivant qui n'a cessé de nous interpeller depuis plus de dix ans :

- l'épargne des ménages reste abondante, mais – surtout en Europe – tend à bouder les placements productifs à long terme ;
- la politique monétaire a contribué à faire baisser les taux d'intérêt sans parvenir à stimuler les investissements productifs ;

– enfin, la marge existante entre la « croissance potentielle » (celle que l'on devrait atteindre en situation de plein emploi et sans inflation) et la croissance observée tend à se refermer depuis plusieurs années.

**Ce dernier point est important : c'est, en effet, moins l'excès de la demande qui est à l'origine de la réduction des marges de production inemployées, que les tensions sur l'offre.**

C'est là un phénomène général – précédant le Covid – qui se manifeste depuis plusieurs années notamment aux États-Unis où les difficultés d'embaucher des travailleurs qualifiés éprouvées par les entreprises s'intensifient alors même que le taux d'emploi reste encore historiquement faible[5].

Trois raisons majeures semblent de nature à expliquer ces tensions sur l'appareil de production :

- L'insuffisance de l'investissement productif liée en grande partie – comme on l'a montré ci-dessus – à l'existence de taux d'intérêt à zéro ou négatifs.
- La difficulté de trouver du personnel qualifié alors que la rémunération des salariés stagne depuis des années.
- La faible productivité qui accompagne la forte augmentation de nos richesses.

5. En France, selon l'Insee (8 février 2022), les difficultés de recrutement sont particulièrement accusées : 61 % des entreprises manufacturières (contre 30 % en moyenne sur longue période) se plaignent de difficultés de recrutement.

## *En troisième lieu, cette explosion du bilan global s'est accompagnée d'une forte hausse des inégalités*

Les ménages détiennent, au total, 95 % de la richesse totale (dont les immeubles représentent près de la moitié).

> Si l'on prend seulement les ménages aux États-Unis et en Chine, on voit que les 2/3 de la richesse sont détenus par les 10 % les plus riches. La progression des inégalités en Chine est frappante : les 50 % inférieurs de la population voient leur part de richesse diminuer : ils ne détenaient plus que 15 % de la richesse en 2015.
> Aux États-Unis, la richesse des ménages détenue par les 10 % des plus aisés est passée de 67 % à 71 % du total de 2000 à 2019. Quant à la part détenue par les 50 % inférieurs, elle ne représente plus que 1,5 % du total…

En France aujourd'hui, les 10 % les plus aisés concentrent près de 60 % de la richesse totale des ménages. En revanche les 50 % les moins riches n'en détiennent que 5 %.

Ce niveau d'inégalité est inférieur à celui des États-Unis et de la Chine, mais s'approche de celui du

Royaume-Uni en dépit d'un politique de redistribution généreuse.

C'est ici qu'on peut souligner le lien entre financiarisation et inégalités.

À partir des années 1980, les 1 % les plus aisés enregistrent en France de fortes augmentations de leurs revenus en lien avec leur patrimoine financier.

Après 1983, les très hauts revenus continuent à croître au rythme de 2,2 % par an contre moins de 1 % pour le reste de la population. Cet écart croissant provient de l'évolution de la part des revenus du capital possédé par les 1 % des individus ayant les plus hauts revenus. *Cette part passe de 26 % en 1983 à 35 % en 2000.* Cette augmentation de la concentration financière des revenus du capital est liée à l'augmentation de la part financière du patrimoine des plus aisés (Le Cercle de l'épargne 2020).

Globalement, les avoirs en actions (*equity*) détenus par les ménages français ont fortement augmenté depuis 2000[6] avec la politique monétaire « non conventionnelle ».

Les porteurs d'actions ont vu la valeur de leur portefeuille doubler – le rendement annuel sous-jacent a été de l'ordre de 7 % (6 % si l'on tient compte de la baisse observée depuis quelques mois). *Emprunter à 1 % pour acheter des actions qui rapportent 7 ou 6 %, est une aubaine offerte par la politique monétaire aux plus fortunés.*

6. Ainsi, d'octobre 2012 à janvier 2022 l'indice du CAC40 est passé de 3 600 à 7 385 soit un doublement en dix ans (205 %). Depuis janvier 2022, l'indice est retombé à 6 562 fin juin 2022, soit une baisse de 12 % par rapport au point haut de 2021.

**On a observé, d'une façon générale, que ceux qui ont le plus bénéficié de la hausse des valorisations sur actions font partie des 10 % de la population la plus aisée.**

Il faut bien comprendre que les épargnants ne sont pas tous égaux[7]. Le coefficient de réactivité d'une personne à l'égard d'un choc monétaire – comme le passage d'une épargne rémunérée à une épargne non rémunérée – diffère, entre autres, selon la richesse et le degré de connaissances financières. De fait, la capacité des ménages à réagir à ces chocs s'est différenciée encore davantage en cette période de changements extrêmes. Les ménages très modestes et dotés de peu d'assise financière ne bénéficient pas de la possibilité d'emprunter en profitant des taux bas pour lisser leur consommation et répartir leurs placements de façon optimale. Ils ont une forte propension à consommer et sont donc plus sensibles aux chocs financiers.

Une étude de Laurent Calvet *et al.*[8], centrée sur certains pays scandinaves, met en évidence ce phénomène en montrant que les 10 % des agents les plus aisés ont réduit leur part de liquidités car ils le pouvaient, tandis que les autres ne le pouvaient pas. Les premiers peuvent adapter leur allocation d'actifs pour tenir compte de

7. Voir l'article de Grégoire Naacke, directeur de l'Observatoire de l'épargne européenne, « Quel impact des taux bas sur la détention de liquidité par les investisseurs individuels et les entreprises ? », *Les Cahiers du Centre des professions financières*, janvier 2022, n° 50, p. 24-37.
8. Étude réalisée conjointement par Sébastien Betermier (Université McGill), Laurent Calvet (EDHEC Business School) et Jens Kvaerner (Université de Tilburg), *How did Low Interest Impact the Cash Holdings of Individual Investors and Firms ?*, mai 2021.

la baisse des taux d'intérêt alors que les seconds sont obligés de maintenir la part de cash pour conserver une trésorerie minimum. *C'est là une inégalité qui a été accentuée par le choc de la politique monétaire.*

Le fait que notre système financier ait favorisé à ce point les détenteurs d'actifs dotés d'une forte et croissante valorisation boursière, jette une lumière à la fois crue et problématique sur les conséquences sociales de la gestion monétaire telle qu'elle a été conduite depuis vingt ans.

De même, l'explosion des prix de l'immobilier empêche la jeunesse de s'installer dans les centres urbains et conduit à des inégalités sociales coûteuses notamment en termes de productivité.

La concentration excessive de richesses entre les mains de quelques-uns n'a jamais été une source de croissance globale.

*

Ce bilan et ses conséquences nous amènent à nous interroger sur les « avantages » du triplement de la valeur nette décrit par McKinsey.

**Un système qui aboutit à accroître les valorisations financières pour les 10 % les plus riches tout en laissant stagner les revenus salariaux[9] ne semble pas susceptible d'augmenter l'emploi dans les secteurs productifs.**

9. Voir Patrick Artus, *40 ans d'austérité salariale. Comment s'en sortir ?*, Odile Jacob, 2020.

Ce système pose un problème politique et social majeur : les riches deviennent exponentiellement plus riches que les salariés vivant de leur travail.

Il faut ajouter qu'une politique monétaire qui efface la rémunération des épargnants susceptibles d'acquérir des actifs productifs à long terme – et qui aboutit, de ce fait, à créer la « trappe à liquidités » –, ne paraît guère de nature à faire repartir l'investissement qui reste, pourtant, la clé de la croissance économique.

On voit donc que le modèle économique et financier fondé sur :
- l'abondance monétaire ;
- la non-rémunération (taxation) de l'épargne ;
- la financiarisation en réponse aux insuffisances structurelles ;
- le court-termisme systématique ;
- la hausse des valorisations – essentiellement spéculatives – d'actifs financiers, ne répond pas aux besoins de notre société.

Ceux-ci requièrent :
- des investissements longs ;
- une réponse aux défis climatiques ;
- une rémunération suffisante de l'épargne et des salaires.

Sans une telle réorientation de nos politiques, il paraît difficile de réaliser « le bien commun », et de corriger les grands déséquilibres actuels.

**Au total, il paraît urgent – et possible – d'amorcer un changement de paradigme. Quelles que soient les modalités possibles de cette réorientation, il semble indispensable de donner la priorité à la croissance du PIB par rapport à celle des valorisations.**
**Ce principe impliquerait :**
- **Un développement de l'investissement en particulier dans l'économie digitale.**
- **Des taux d'intérêt « normalisés » à la hausse (qui n'exacerberaient pas les prix de l'immobilier).**
- **Une redirection des épargnes longues vers les secteurs productifs et l'innovation.**
- **Une incitation systématique à accroître les gains de productivité.**
- **Un encouragement du logement social.**
- **Une réforme des retraites qui inciterait les agents économiques à « mettre du capital de côté » au bénéfice des retraités et de la croissance potentielle de l'économie.**

CHAPITRE IV

# Où l'on voit que l'écart entre financement (monétaire et budgétaire) et réalité (croissance du PIB) est particulièrement prononcé dans la zone euro. Ce phénomène a été aggravé par la crise sanitaire

## *La pandémie a frappé la zone euro plus sévèrement que ses principaux concurrents*

Le graphique 9 montre que le PIB de la zone euro a été considérablement plus touché depuis 2020 que ce ne fut le cas aux États-Unis, et encore davantage en Chine, du moins jusqu'en 2021.

Cette moindre résistance de la croissance économique de la zone euro est, à vrai dire, bien antérieure à la pandémie[1]. Elle se manifeste depuis 2000. Par rapport à un PIB 100 en 2000 on voit dans le graphique 10 que les États-Unis se situent en 2021 à 145 alors que la zone euro atteint seulement 120... et la Chine 550.

Par ailleurs, l'Europe a redémarré plus lentement que les États-Unis et la Chine et est plus affectée par le conflit ukrainien.

**Graphique 9.** Croissance du PIB réel

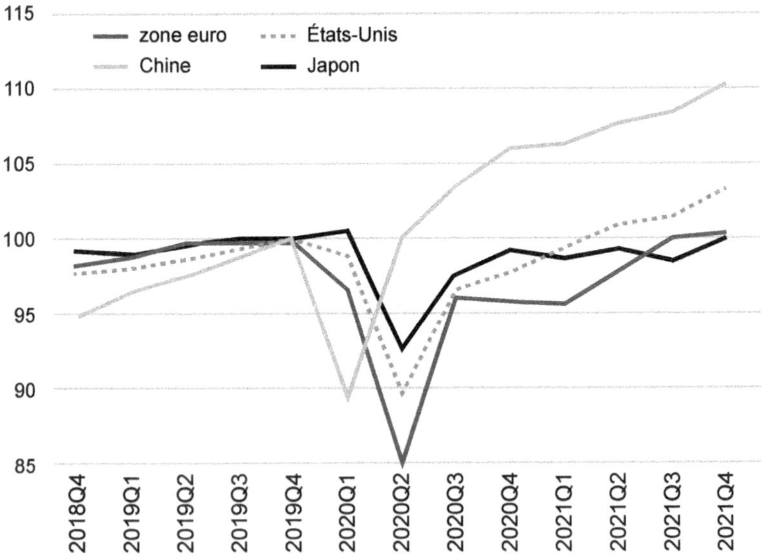


*Source : OCDE, Eurostats, Eurofi Macroeconomic Scoreboard, février 2022.*

**La crise économique liée à la pandémie a été plus sévère en Europe qu'aux États-Unis et en Chine.**

1. Les raisons de cet écart entre les États-Unis et l'Europe sont multiples : plus d'efficacité économique aux États-Unis, ce qui se traduit par une plus grande mobilité du marché du travail, moins de régulations administratives, des gains de productivité plus élevés, l'existence d'un véritable marché unique qui permet aux mouvements de capitaux d'investir dans des zones en difficulté, ce qui n'est guère le cas de l'Europe qui exporte ses capitaux excédentaires à l'extérieur de l'Union, mais investit peu dans la zone...

**Graphique 10.** Croissance du PIB réel 2000 = 100

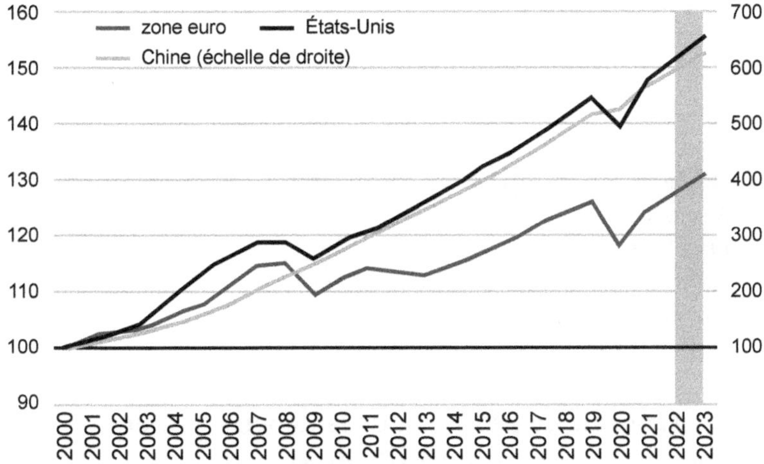


*Sources : Commission européenne, Spring Forecast (mai 2022), Eurofi Macroeconomic Scoreboard, février 2022.*

**Depuis 2000, la croissance réelle du PIB de la zone euro a été distancée par celle des États-Unis et surtout de la Chine**

## *Le recours à la stimulation de la demande s'est avéré très important dans les pays de la zone euro*

Par rapport au PIB on relève les évolutions suivantes de la dette publique :

On peut donc constater que la stimulation budgétaire moyenne en Europe, depuis 2000, a été inférieure à celle des États-Unis.

Un certain nombre de pays de la zone euro ont, cependant, atteint des niveaux très élevés de dépenses publiques sur PIB comme le montre le graphique 11 :

**Dette publique par rapport au PIB (%)**
**et stimulation budgétaire (points de pourcentage)**

| | 2000 | 2021 | Stimulation budgétaire |
|---|---|---|---|
| France | 58,9 | 112,9 | 54,0 |
| Italie | 109,0 | 150,8 | 41,8 |
| Espagne | 57,8 | 118,4 | 60,6 |
| Allemagne | 59,3 | 69,3 | 10,0 |
| États-Unis | 54,3 | 132,6 | 78,3 |
| Zone euro | 69,1 | 95,6 | 26,5 |

*Sources : Eurostat, FMI.*

**Graphique 11.** Total de la dépense publique sur PIB, en %

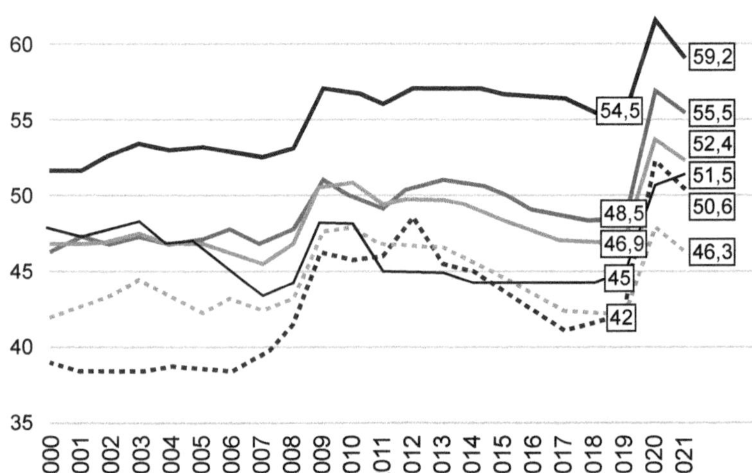


*Sources : Commission européenne, Eurofi Macroeconomic Scoreboard, septembre 2022.*

**À 55,6 % de son PIB, la France tient le record du niveau élevé de la dépense publique.**

La France (59,2 %) et l'Italie (55,5 %) affichent des taux élevés en 2021, supérieurs à la moyenne de la zone euro de 52,4 %.

Ces niveaux records de dépenses publiques entraînent, pour les entreprises, un montant élevé de charges et de contributions, ce qui pénalise leur compétitivité (voir graphique 12).

Ainsi, en 2021, la France et l'Italie tiennent la première place en matière de prélèvements obligatoires (47 % du PIB pour la France, 43,7 % pour l'Italie) contre 42,3 % pour la moyenne de la zone euro.

**Graphique 12.** Prélèvements obligatoires en 2019, en % du PIB

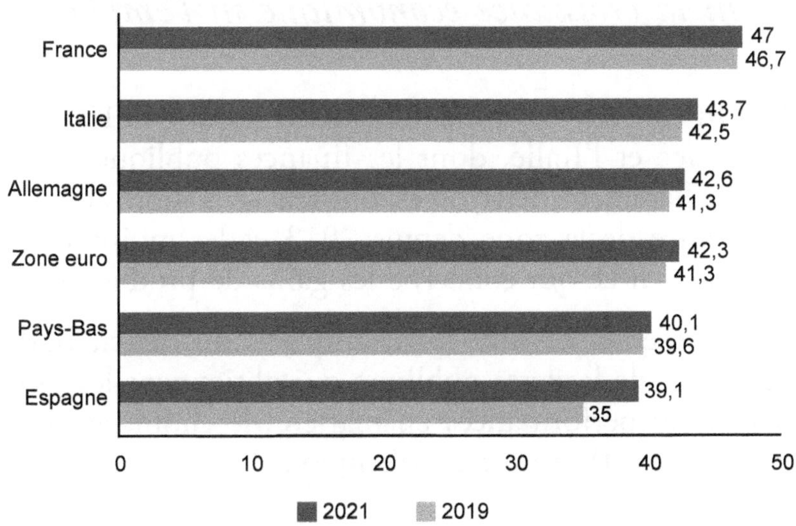


*Source : Commission européenne.*

**Le niveau important des dépenses publiques en France entraîne des taux de prélèvements obligatoires élevés ce qui diminue la compétitivité des entreprises.**

Comme la plus grande partie des dépenses publiques de ces deux États sont des dépenses sociales et de redistribution, et non des investissements productifs, on comprend que les entreprises concernées, taxées à due concurrence sans perspective de retour[2], aient du mal à soutenir à terme la concurrence internationale.

Le déficit structurel de la balance des paiements courants de la France (autour de 2 % du PIB en moyenne[3]) est une illustration des problèmes de compétitivité des entreprises françaises.

## *Un taux record de dette publique ne favorise ni la croissance économique ni l'emploi*

**1.** On constate (comme l'illustre le graphique 13) que la France et l'Italie, dont les finances publiques sont particulièrement détériorées, ont réalisé la moins bonne croissance de la zone depuis 2013 et les moins bons résultats en ce qui concerne les gains de productivité.

**2.** De même, ce sont les champions du déficit budgétaire et de la dette publique qui obtiennent les plus mauvaises performances en matière de chômage (voir graphique 14) et de taux d'emploi.

2. Le total des prélèvements obligatoires en 2019 était de 46,7 % du PIB en France pour une moyenne de la zone euro de 41,3 %. Les impôts – débilitants – sur la production et sur les importations représentaient 17 % du PIB en France (contre 10,9 % en Allemagne).

3. En 2021, le déficit commercial de la France s'est élevé à 82 milliards d'euros, soit 3,5 % du PIB.

**Graphique 13.** Gains de productivité multifactoriels

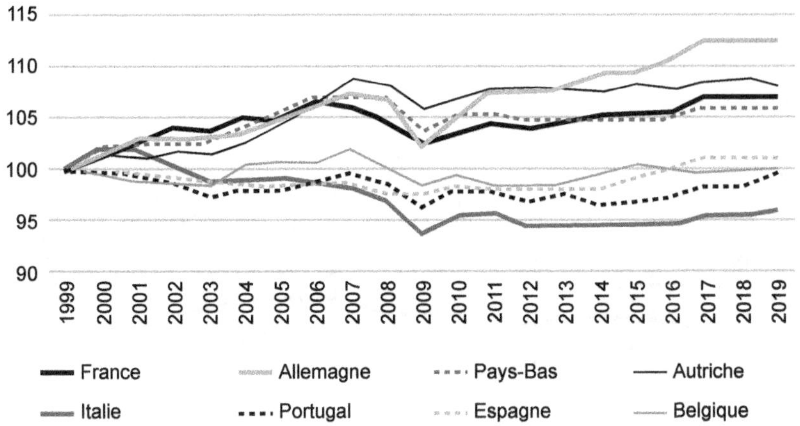


*Source : OCDE.*

**Les pays les plus endettés de la zone euro ont réalisé la plus faible performance en matière de productivité au cours des vingt dernières années.**

**3.** Quant à la croissance des bilans de banques centrales, elle est un bon indicateur du degré de l'accommodement monétaire :

- BCE : pendant la crise Covid, augmentation du bilan jusqu'à passer de 39 % (fin 2019) à 71 % du PIB (fin 2021) au titre du PEP (Pandemia Emergency Program) ;
- Fed : pendant la crise Covid, son bilan passe de 19 à 40,9 % du PIB.

On voit que la création monétaire de la Banque centrale a été, depuis l'éclatement de la pandémie, beaucoup plus marquée en Europe qu'aux États-Unis.

Quelles sont les raisons qui peuvent expliquer ces différences face à la pandémie ?

**Graphique 14.** Taux de chômage,
en % de la population active

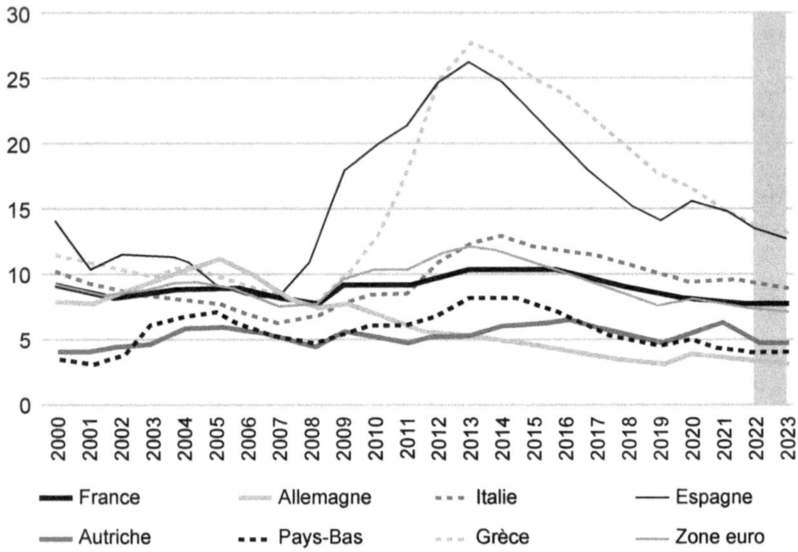


*Sources : Commission européenne, Eurofi Macroeconomic Scoreboard, septembre 2022.*

**Les pays les plus endettés de la zone euro sont aussi ceux qui ont le plus de chômage : Espagne 14,5 % en 2019, Italie 9,9 % et France 8,5 %.**

– davantage de mobilité dans l'économie américaine (moins de rigidités structurelles) ;
– une hétérogénéité inter-États mieux maîtrisée : quand un État américain subit un choc, le marché financier unique américain le corrige en général – ce qui n'est pas le cas en Europe, où les capitaux circulent peu à l'intérieur de la zone ;
– les taux d'intérêt nominaux américains (dix ans) ont gravité entre 2012 et 2022 à des niveaux de l'ordre de 2 à 3 points *supérieurs* aux taux allemands et au-dessus des taux moyens européens.

Il résulte de l'insuffisance du marché des capitaux européens, que l'on a dû recourir beaucoup plus massivement aux banques que ne l'ont fait les États-Unis (3/4 de l'économie est financée en Europe par les banques contre 1/4 aux États-Unis) pour financer l'économie du continent[4].

Le fait d'avoir compté quasi exclusivement sur les bilans bancaires pour financer la zone euro a surexposé les banques par rapport aux banques américaines. Il serait temps de favoriser la naissance d'un vrai marché des capitaux en Europe.

Mais on n'y parviendra pas tant que les taux d'intérêt seront inférieurs à ceux des États-Unis, que le nationalisme réglementaire et financier prévaudra et tant que les divergences économiques entre les pays de l'Union européenne ne s'atténueront pas.

Les achats de titres par la Fed sont inférieurs à ceux de la zone euro, mais présentent la caractéristique d'être effectués en majeure partie auprès des « non-banques » (compagnies d'assurances, fonds...), contrairement aux achats de la BCE qui sont réalisés essentiellement auprès des banques. John Greenwood a montré que l'efficacité de la méthode américaine dépasse de beaucoup celle de la pratique européenne (voir en annexe).

4. Voir l'article de Étienne Barel : « La titrisation, enjeu du financement de l'économie du futur », *Le Magazine des professions financières et de l'économie*, avril 2022, n° 24, p. 6-8. « Les bilans bancaires ne suffisent pas à financer les besoins d'investissements massifs liés à la transition et à la transformation écologique numérique », février 2022.

**Graphique 15.** Taux nominaux à dix ans d'un échantillon d'économies données trimestrielles en %

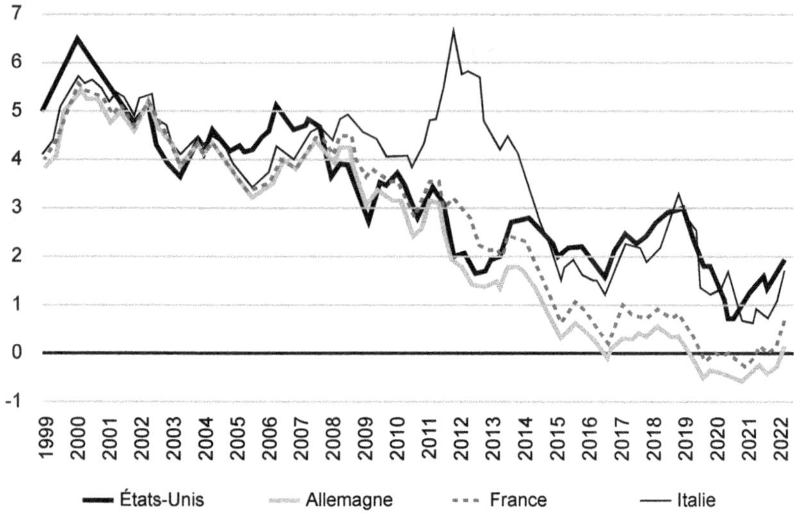


*Source : OCDE.*

**Tous les taux d'intérêt baissent depuis vingt ans mais les taux américains sont supérieurs aux taux allemands de 2 points depuis 2014.**

Les pays connaissant le ratio le plus élevé de leur dépense publique sur PIB sont aussi ceux qui ont le plus de problèmes de compétitivité.

**4.** Au total, on constate que les pays européens ayant le plus recouru à la stimulation budgétaire et monétaire sont aussi ceux qui ont connu le plus de difficultés.

Il ressort de ces observations :

- que l'hétérogénéité des différents membres de la zone euro s'est renforcée depuis la création de l'euro ;
- que nombre de pays membres ont relâché leur discipline macroéconomique au cours des vingt

dernières années, et particulièrement depuis la crise sanitaire ;
- que ceux qui avaient joué la carte de la vigilance budgétaire ont été les gagnants ;
- que le financement continu par la monnaie et l'émission d'emprunts ne sont pas le moyen de renforcer les performances d'une économie.

Les cas de l'Allemagne, de l'Autriche et des Pays-Bas – qui se sont montrés budgétairement plus prudents – sont éclairants à cet égard.

CHAPITRE V

# Une question centrale : « Comment expliquer le changement radical de la politique monétaire : de la stabilité à la stimulation permanente ? »

On dit souvent que la politique monétaire – et notamment les achats massifs par les instituts d'émission de titres financiers – a « sauvé » notre monde en proie à la crise financière, puis à la pandémie.

Il ne fait pas de doute que la réactivité des banques centrales et leur puissance de feu ont évité au monde une dépression et une désorganisation graves.

**Mais il ne faut pas oublier que c'est la politique monétaire suivie depuis des années et systématiquement accommodante, qui a contribué à façonner un système financier hyperendetté et vulnérable aux crises.**

Il est de fait que la politique monétaire a joué un rôle décisif dans la « financiarisation » massive décrite dans ce livre.

Les chapitres I et II montrent le paradoxe de notre système financier : une modeste croissance économique couplée à un triplement de la « richesse » globale en vingt ans.

Voir la richesse d'une petite minorité (10 % de la population) s'épanouir beaucoup plus vite – et cela pendant longtemps – que la croissance des biens réels et des revenus salariaux de la masse de la population devrait susciter l'interrogation de l'observateur le moins averti. « Comment peut-on être plus riche quand les revenus de la grande majorité des citoyens stagnent ? »

C'est pourtant une question qui ne semble guère intéresser au plus haut point la profession économique, les dirigeants des banques centrales et les hommes politiques.

Il est utile, à cet égard, de tenter de mieux comprendre les modalités et la portée du changement intervenu en matière monétaire.

La richesse a crû hors de proportion avec les revenus.

Cette pression de la valeur des actifs – tout à fait anormale – n'a été rendue possible que par la politique monétaire caractérisée par la création abondante de la liquidité et la baisse des taux.

De fait, les bas taux d'intérêt constituent l'explication centrale de la hausse des valeurs d'actifs.

# *L'accommodement de la politique monétaire depuis quelques années a été littéralement inouï*

**Graphique 16.** Total des actifs des banques centrales en % des PIB

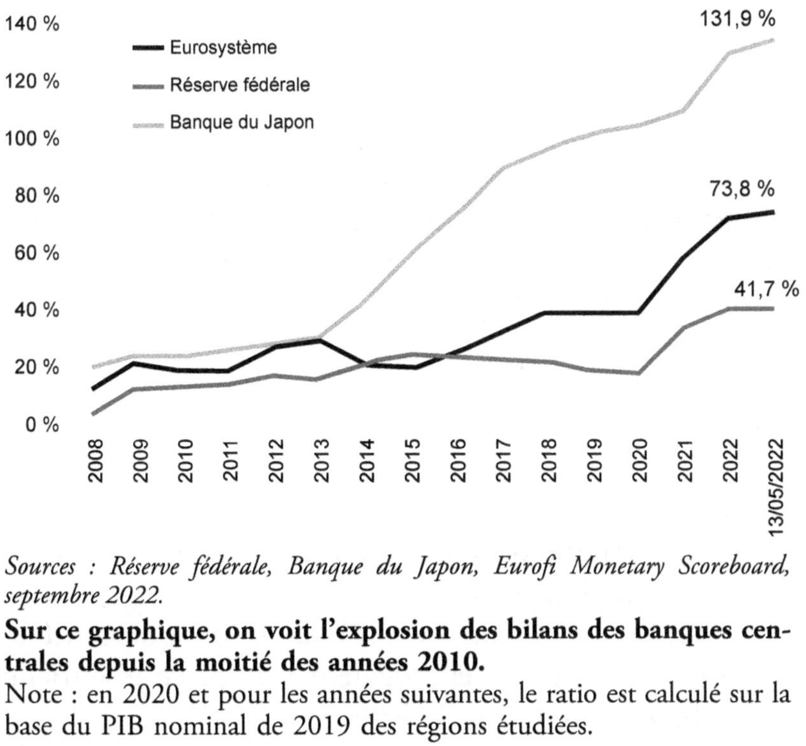


*Sources : Réserve fédérale, Banque du Japon, Eurofi Monetary Scoreboard, septembre 2022.*

**Sur ce graphique, on voit l'explosion des bilans des banques centrales depuis la moitié des années 2010.**

Note : en 2020 et pour les années suivantes, le ratio est calculé sur la base du PIB nominal de 2019 des régions étudiées.

## On l'a déjà vu : le bilan des banques centrales a explosé en vingt ans

### Évolution de la taille du bilan de la Réserve fédérale et de l'Eurosystème (en % du PIB)

| | 31 décembre 2000 | 31 décembre 2020 | 13 mai 2022 |
|---|---|---|---|
| Réserve fédérale | 5,9 % | 19,5 % | 41,7 % |
| Eurosystème | 12,0 % | 39,1 % | 73,8 % |

*Source : Réserve fédérale.*

Le fait qu'une Banque centrale comme la BCE ait décidé d'acheter – et, en fait, de monétiser – des titres obligataires à hauteur de plus de 70 % du PIB de la zone euro donne une idée de l'ampleur inouïe de l'explosion qui s'est produite depuis 2014 en matière de soutien monétaire à l'économie.

Lorsqu'une Banque centrale achète – par de la pure création monétaire – l'équivalent des 3/4 de l'économie nationale, on obtient des résultats problématiques :

– une certaine forme de « nationalisation » de l'économie par l'institut d'émission ;
– une « fiscalisation » du rôle de la Banque centrale dans la mesure où elle devient une pièce essentielle du financement des Trésors ;
– la substitution d'un organe public aux forces de marché et, par là même, une influence déterminante sur la courbe des taux (pareille position – subordonnée – de la Banque centrale par rapport aux pouvoirs

publics ne se rencontrait, en général, qu'en temps de guerre lorsque les gouvernements de défense nationale fixaient les taux).

## Les taux directeurs – en termes réels – ont été maintenus en terrain négatif depuis vingt ans

On peut comprendre qu'une Banque centrale puisse, à certains moments et pour des motifs de réglage conjoncturel, faire descendre à zéro ses taux directeurs.

Mais qu'elle le fasse *continûment* pendant deux décennies est difficile à concevoir et à justifier. Or il est de fait que *les taux directeurs des banques centrales sont restés négatifs (en termes réels) depuis plus de vingt ans.* Du jamais vu... Une situation de taux négatifs pendant si longtemps défie l'entendement. Car un des ressorts fondamentaux de l'économie s'en trouve artificiellement brisé.

De fait, comme on l'a montré au chapitre II, l'absence de rémunération de l'épargne pendant une si longue période a entraîné des perturbations profondes dans le financement de l'économie :

- privés de rémunération, les épargnants ont eu tendance à se tourner vers des placements liquides au détriment des projets d'investissement productif à long terme ;
- les entreprises peu rentables ont été maintenues artificiellement en vie par l'octroi de la subvention qui découle du taux zéro (entreprises « zombies ») ;
- le système financier s'est orienté vers la trappe à liquidités et, en même temps, vers une « course au

rendement » sous forme d'investissements risqués et fortement valorisés, ce qui ne fait que fragiliser le système financier et favoriser une succession de crises.

La raison qui a été présentée par les banques centrales pour justifier une telle politique de stimulation monétaire continue, était la faiblesse de l'inflation des prix de biens et services au cours des dernières années, ainsi que la crainte de la déflation.

Alors que l'inflation d'équilibre (celle qui évite tant la surchauffe que la déflation) se situait, en fait, à l'époque, au niveau de 1 % environ pour des raisons structurelles (effets de la globalisation, vieillissement démographique), les banques centrales ont cru devoir « forcer » l'inflation à atteindre 2 % – chiffre artificiel et contestable et qui n'est en rien l'équivalent de l'optimum économique – en adoptant une politique d'extrême stimulation.

En dehors de la stimulation budgétaire – aggravée par le Covid et la guerre d'Ukraine –, cette fixation des banquiers centraux sur l'objectif de 2 % d'inflation a conduit à une création monétaire intensive et, plus tard, comme nous le voyons aujourd'hui, au réveil d'une forte inflation.

Ainsi, l'agrégat monétaire large – M3 – pour l'OCDE a-t-il progressé d'une base 100 en 2015 à 160 en 2021 ; et M0 (monnaie Banque centrale : billets en circulation, réserves des banques à la Banque centrale) a littéralement explosé ; d'une base 100 en 1970, la monnaie Banque centrale a, en effet, bondi en 2021 à :

- 1 600 : Fed ;
- 700 : BCE.

**Graphique 17.** PIB nominal et base monétaire, croissance trimestrielle, évolution annuelle, en %

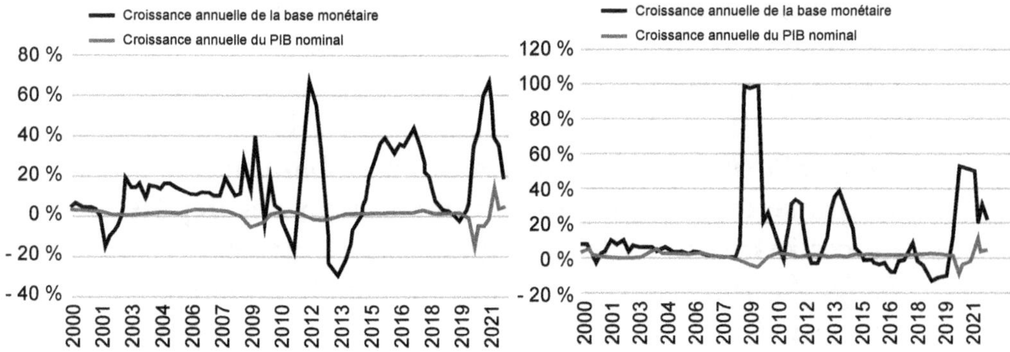


*Sources : Réserve fédérale, Eurosystème, OCDE ; Eurofi Monetary Scoreboard, septembre 2022.*
Graphique 17a : zone euro.
Graphique 17b : États-Unis.
**« Beaucoup de bruit pour pas grand-chose » : la croissance de la base monétaire (M0) n'a pas réussi à entraîner la croissance économique.**

On voit que cette explosion de M0 n'a pas eu beaucoup de conséquences visibles sur la croissance. En revanche, elle a contribué à faire baisser les taux d'intérêt outre mesure et à fragiliser la situation financière.

Elle ne pouvait qu'avoir, le moment venu, des conséquences sur le niveau des prix des biens et services, ainsi que l'avaient prévu les meilleurs experts en la matière[1].

1. Article de Steve Hanke (professeur d'économie appliquée à l'Université Johns Hopkins) et John Greenwood (chef économiste à Invesco), « The monetary bathtub is overflowing », *Wall Street Journal*, 22 octobre 2021, dont voici une partie de la traduction : « Pour expliquer ce qui se passe dans l'économie américaine, nous utilisons la comparaison avec la baignoire. La baignoire comporte trois ouvertures. L'une mène à la croissance économique. La seconde fournit au public la quantité de monnaie qu'il désire détenir. En période non inflationniste, l'eau entrant dans le récipient (création monétaire) est sensiblement égale aux deux "sorties" évoquées ci-dessus. Mais si une quantité supérieure de monnaie est créée,

**Une des raisons de la faible stimulation de la demande créée par la croissance de M0 est à trouver dans l'article de John Greenwood commenté dans l'annexe du présent essai. Greenwood montre que la Fed achète l'essentiel des titres financiers dans le cadre du QE (*quantitative easing*) auprès des non-banques, ce qui se traduit par une augmentation des dépôts de ces institutions (compagnies d'assurances, *hedge funds*, brokers…) alors que la BCE achète l'essentiel de ses titres aux banques, ce qui accroît leurs « réserves » auprès de la Banque centrale. Mais ces réserves sont inertes et ne peuvent pas être utilisées pour la croissance des dépôts et donc des dépenses (voir mon article dans la *Revue Banque*[2]).**

Le fait de s'être fixé un objectif unique (l'inflation *devant*, quoi qu'il arrive, se situer à près de 2 %) a conduit les banques centrales pendant des années à une politique d'accommodement systématique et de plus en plus active ainsi qu'à la quasi-disparition des taux d'intérêt.

---

le niveau d'eau va monter et atteindre la troisième ouverture : celle qui conduit à l'inflation. » Les auteurs montrent que de décembre 2019 à août 2021, M2 a augmenté aux États-Unis de 5,5 trillions de dollars, une formidable croissance de 35,7 % en un an et demi. Les auteurs estiment, avec l'hypothèse d'une réduction graduelle de l'accommodement monétaire, qu'à la fin de 2024, M2 aura augmenté encore de 5,1 trillions.
Les calculs indiquent que sur les 10,6 trillions ainsi créés, 1,4 trillion sera affecté à la croissance économique, 1 trillion à la demande de monnaie. L'excès – soit 8,2 trillions – nourrira l'inflation pendant deux ou trois ans encore.

2. Jacques de Larosière, « Réserve et création monétaire : quand l'accessoire est devenu l'essentiel », *Revue Banque*, n° 663-864, janvier 2022.

Ces conditions, tout à fait anormales, ont provoqué :
- la trappe à liquidités ;
- la recherche de rendements spéculatifs ;
- la défaveur des projets risqués.

**Elles rendent compte d'une bonne partie du phénomène décrit dans ce livre, à savoir la déconnexion d'une sphère financière enflée à outrance et d'un PIB à la croissance modeste.**

## Un peu d'histoire…

La politique monétaire a presque toujours été influencée par la politique. Pour expliquer l'évolution, récente et radicale, de la politique monétaire jetons un regard sur l'histoire…

Pendant des siècles, la monnaie nationale avait été utilisée comme un instrument de pouvoir et d'influence : les rois n'hésitaient pas à en changer la définition et la valeur à des fins politiques.

Mais, le temps passant, les idées s'affinaient, le commerce s'internationalisait et la statue de commandeur de Montesquieu veillait. Elle rappelait que la monnaie, « l'étalon exprimant la valeur de toutes choses », doit elle-même, et par-dessus tout, être stable.

La monnaie n'était plus seulement un moyen de commercer (le « voile » monétaire), elle était devenue une réalité en soi qui méritait d'être protégée.

L'économiste Jean Bodin avait démontré en 1568 ce qu'on a appelé plus tard « l'équation quantitative de la monnaie », à savoir qu'il existe un lien entre la quantité de monnaie en circulation et le niveau général des prix. Plus on crée de signes monétaires face à une production stable ou légèrement croissante, plus grande est la probabilité de voir la monnaie se déprécier et les prix monter. Beaucoup plus tard, en 1910, Irving Fisher approfondira la relation posée par Bodin et Milton Friedman, avec l'École de Chicago, en fixa la théorie dans les années 1960.

Au XIXe siècle, le monde s'était accordé, de façon pragmatique, sur un système monétaire international basé sur l'étalon or : la monnaie nationale des grands acteurs était définie, une fois pour toutes, par un certain poids d'or et elle était convertible en métal si ses détenteurs le souhaitaient. Ce système était disciplinaire en ce sens qu'il supposait, pour bien fonctionner, que les principaux États membres appliquent des politiques budgétaires et monétaires compatibles avec le maintien de la stabilité des changes et évitant une dépréciation de leur devise nationale. Ce mécanisme reflétait une attitude à l'égard de la monnaie qui était caractérisée par deux préoccupations : une vision internationale avec le souci de la cohérence et de l'équité des règles du jeu parmi les grands acteurs du commerce mondial ; une conviction : la stabilité de la monnaie est un bien commun et la condition de la confiance.

Comme on le sait, ce système, qui contribua à assurer une grande stabilité monétaire et joua un rôle clé dans l'extraordinaire croissance économique de l'époque, s'effondra avec la guerre de 1914. Il avait fallu, en effet, que les États belligérants financent l'effort de guerre en recourant à la dette et à la création monétaire.

La convertibilité-or était désormais révolue et l'inflation commençait à effacer le service des emprunts émis pendant les années du conflit.

Malgré les vains efforts de restauration d'un système d'étalon-or, le monde d'entre les deux guerres vira vers le nationalisme monétaire, la concurrence entre devises, des dévaluations répétées, le désordre et l'absence de coopération. Cette situation fut un des éléments qui concoururent au conflit.

À la fin de la Seconde Guerre mondiale, en 1944, les Américains étaient bien décidés à restaurer un « système » de rapports de change qui puisse ramener ordre et stabilité dans les échanges internationaux. Ce fut le système dit de Bretton Woods. Le dollar en était le centre : les autres devises devaient conserver avec lui une parité fixe, et en contrepartie, le dollar était convertible en or à un prix fixe au cas où des banques centrales étrangères souhaiteraient échanger contre du métal les dollars qu'elles avaient accumulés. Si un pays éprouvait le besoin de dévaluer, il devait engager une négociation et accepter la « conditionnalité » exigée du Fonds monétaire.

Ce système fonctionna assez bien jusqu'aux années 1960, époque où le dollar était stable et la balance courante américaine équilibrée. Mais avec la naissance de l'État providence et surtout la guerre du Vietnam, les dépenses budgétaires des États-Unis s'envolèrent et le pays – qui ne souhaitait pas augmenter le poids des impôts – se mit à s'endetter massivement pour financer ses déficits budgétaires croissants. Lorsque les États-Unis ne furent plus en mesure d'assurer la convertibilité du dollar (les avoirs en dollars des banques centrales étrangères dépassaient deux fois les réserves américaines en or), le président Nixon décida unilatéralement, le 15 août 1971, d'abandonner le principe de la convertibilité. Le système des taux de change fixes avait vécu et fut remplacé par le flottement généralisé des monnaies qui continue aujourd'hui. Cet événement marqua une phase nouvelle dans l'attitude à l'égard de la monnaie.

Les États avaient regagné la liberté de gérer leur monnaie comme ils le souhaitaient : les contraintes qui s'exerçaient auparavant sur leurs politiques macroéconomiques s'étaient dissipées : la liberté avait remplacé la coopération. Les États n'étaient plus responsables de la valeur externe de leur monnaie : c'était au marché de s'en charger. Certains États se mirent à intervenir sur le marché de changes afin d'empêcher une trop forte appréciation – ou dépréciation – de leur devise ; c'était le flottement « managé » ou contrôlé qui devint source d'inquiétudes et de craintes quant au retour à des politiques dites de : « *beggar thy neighbour*[3] » et des « guerres des changes ».

Même si nombre d'économistes ont pu soutenir que le flottement était un meilleur système en ce qu'il donnait à chaque État la liberté de choisir librement sa politique macroéconomique, il n'en reste pas moins que la fin de Bretton Woods a donné naissance à trois tendances de fond quant aux attitudes à l'égard de la monnaie, tendances qui nous coûtent cher aujourd'hui et qui rongent notre système financier, sujet du présent essai :

• La fin de Bretton Woods a sans nul doute desserré la contrainte du change, mais elle a donné naissance

3. Traduction : « Réduire ton voisin à la mendicité ».

aussi à la débauche d'endettement qui est une des plaies du monde actuel. À la vérité, on n'a pas laissé jouer librement la logique du flottement. Cette logique aurait conduit les pays déficitaires à accepter des dépréciations importantes de leurs monnaies avec tous les risques d'inflation importée et d'appauvrissement qui en auraient résulté. C'est pourquoi les pays structurellement débiteurs ont préféré recourir à l'emprunt pour soutenir leur change plutôt que de s'engager dans des réformes qui auraient conduit à diminuer leurs déficits. La liberté sacro-sainte des mouvements de capitaux et les innovations financières ont facilité cette vague d'emprunts. Les États-Unis, en particulier, ont laissé leur dette à l'égard des pays créditeurs s'enfler démesurément ; il en est résulté un déséquilibre international à la fois croissant et paradoxal dans la mesure où c'est le pays le plus riche – et le plus endetté – qui bénéficie de l'épargne du reste du monde, et en particulier des plus pauvres.

• Parallèlement, les pays structurellement créditeurs ont cherché de façon systématique à empêcher leurs taux de change de s'apprécier afin d'éviter de compromettre la compétitivité de leurs exportations, base essentielle de leur modèle de croissance. Mais, ce faisant, ces interventions à l'achat de dollars ont accru significativement la création monétaire mondiale et contribué à la baisse des taux d'intérêt et à la facilité monétaire générale.

• Enfin, le système coopératif et de discipline internationale qui était à la base de Bretton Woods a disparu. On laisse les changes flotter en fonction des forces du marché et des volontés – hétérogènes – d'intervention des créditeurs et des débiteurs. Ces pratiques n'équivalent en rien à un « système » cohérent et contrôlé de façon multilatérale. C'est, à proprement parler, un « non-système ».

**Il ne fait aucun doute**
**que la fin de Bretton Woods a joué**
**un rôle primordial dans la vague d'endettement**
**évoquée dans cet essai et qui a abouti**
**au montant inimaginable et au record absolu**
**de la dette en temps de paix : 300 000 milliards**
**de dollars[4]. D'une monnaie dont il fallait**
**assurer la stabilité, on était passé à la notion**
**– toute différente – d'instruments qu'on crée**
***ad nutum* et qu'on emprunte sans limites**
**pour pallier une croissance qui se dérobe**
**parce que les réformes structurelles**
**sont politiquement difficiles**
**et qu'elles peuvent être différées…**
**du fait de l'aisance des emprunts disponibles.**

Comment a-t-on pu cultiver l'aberration des taux d'intérêt négatifs – nominalement – et en faire, parfois, l'apologie, alors que la taxation de l'épargne est de nature à casser un ressort vital du financement de l'investissement et qu'elle va à l'encontre d'un principe fondamental de l'économie, à savoir que les revenus « mis de côté » durablement ont un prix ?

Combien de temps l'illusion fera-t-elle croire que la création monétaire est l'équivalent d'une création de

4. Chiffres de l'Institut de finance internationale incluant la dette du secteur financier.

ressources et permet de « gommer » les problèmes de fond ?

Quand reverrons-nous des banquiers centraux s'intéresser à nouveau au rôle joué par la croissance de la masse monétaire (M3) sur l'inflation ?

Verrons-nous resurgir un jour la vision d'un Jacques Rueff pour qui la création monétaire débridée ne faisait que distribuer ce qu'il appelait des « faux droits » et pousser à l'inflation ?

Qu'est-ce qui a pu conduire les banques centrales à une telle obstination ? Probablement plusieurs facteurs :

- le désir de se montrer « populaire » en choisissant la stimulation permanente ;
- l'aveugle croyance dans les bienfaits d'une inflation à 2 %, alors que l'environnement à 1 % était porteur de stabilité ;
- le désir de faciliter le financement des déficits publics sans créer de remous (écarts de taux) sur les marchés ;
- l'absence d'intérêt porté à la croissance des agrégats monétaires[5].

*

5. La Banque de France, dans son bulletin de janvier-février 2022, commence, enfin !, à se demander si la croissance des agrégats monétaires n'aurait pas d'influence sur l'inflation. L'étude montre la forte croissance de ces agrégats depuis 2019, croissance qui s'explique par les achats massifs de titres de dette gouvernementale par la BCE. La Banque de France note l'explosion des dépôts qui en a résulté :
– sociétés non financières : 518 milliards d'euros en 2020 ;
– ménages : 627 milliards en 2020.
Cette explosion des dépôts s'explique en grande partie par les transferts publics décidés depuis la pandémie. L'inflation, note la Banque de France, est en partie la conséquence de cette hausse des dépôts et de la demande.

Résumons-nous en évoquant la question du « hasard moral ».

Lorsque la politique monétaire conduit à la course à l'endettement et à la valorisation extrême des actifs, les acteurs financiers courent un risque accru : celui du retournement des marchés. En fait, depuis 1987, avec Greenspan, les autorités monétaires ont implicitement assuré les opérateurs de leur « soutien » en cas de crise.

Ce *put*[6] (c'est-à-dire l'intention de la Banque centrale de racheter les valeurs en cas de retournement des marchés) a joué un rôle majeur dans le dévoiement du système.

En débarrassant les opérateurs du spectre de la baisse catastrophique des cours, les autorités ont amplifié le « hasard moral ». Celui-ci transfère le risque de marché aux pouvoirs publics en donnant aux acteurs financiers la quasi-garantie de ne perdre que modérément.

Ce transfert – non rémunéré, contrairement aux règles élémentaires de l'assurance – du risque du secteur privé au secteur public a été une des plaies de notre système :

- il a puissamment incité les acteurs à prendre des risques démesurés (*search for yield*) ;
- il a émoussé les conséquences de la prise de risque exagérée en rassurant les investisseurs sur la sortie « gagnante » des opérations les plus aléatoires ;

6. En finance, il s'agit d'une option de vente qui peut être exercée si le prix du titre dont il s'agit descend sous un seuil déterminé par le contrat. Le *put Greenspan* après le krach boursier de 1987 a permis aux investisseurs de revendre leurs titres à un prix certes déprécié mais relativement élevé par rapport à une situation où les banques centrales ne seraient plus intervenues. Voir *BSI Economics*, septembre 2013.

- il a rassuré là où il aurait fallu laisser régner l'inquiétude, mère de la prudence ;
- il a réduit la productivité en facilitant – par des taux nuls – la survie d'entreprises non viables et en permettant une mauvaise allocation des investissements.

Le hasard moral a fleuri avec la politique monétaire d'extrême accommodement. Il a rompu l'équilibre traditionnel entre risque et rendement en le biaisant systématiquement en faveur des opérateurs financiers imprudents et cela aux frais de la puissance publique c'est-à-dire de la nation.

On comprend, ainsi, l'altération croissante du paradigme financier : les investisseurs – qui sont désormais assurés de ne pas trop perdre – deviennent les maîtres du jeu. Comme le souligne Mario Blejer (voir annexe), « Les banques centrales sont passées du statut de "prêteurs en dernier ressort" soutenant le système financier à celui de "teneur de marché" en dernier ressort » à une échelle sans précédent.

Une des analyses les plus pertinentes des erreurs de la politique monétaire suivie depuis vingt ans a été formulée par l'ancien gouverneur de la Banque d'Angleterre, Mervyn King. On peut citer également la déclaration du 1er février 2022 de Jürgen Stark, ancien membre du conseil de la BCE, qui expose les frustrations d'un homme attaché à la stabilité de la monnaie, ainsi que les remarquables articles sur l'inflation de Larry Summers et de Mario Blejer et Piroska Nagy-Mohacsi.

On peut y ajouter l'étude de John Greenwood : *Two Brands of QE* de septembre 2017, qui montre que la BCE et la Banque du Japon ont eu des résultats économiques beaucoup moins favorables que la Fed et la Banque d'Angleterre.

Ces différents textes sont résumés en annexe à la fin de l'ouvrage.

Ce que nous vivons aujourd'hui – et que cet essai tente de montrer – est lié, pour beaucoup, à une question d'état d'esprit. Si la création monétaire quasiment illimitée devait se justifier seulement parce qu'elle « facilite » la solution de problèmes immédiats, comme ceux des finances publiques, alors le retour, futur, à la stabilité de la monnaie apparaîtrait bien compromis et hypothétique.

*

C'est ici que se pose une question intrigante : *pourquoi la politique monétaire est-elle allée si loin et si profondément dans la « suraccommodation » ?*

Je vois trois raisons principales :

**1.** Une énigme intellectuelle.

Nos « leaders » monétaires ont sous-estimé les conséquences négatives de politiques monétaires systématiquement accommodantes.

Il y a quelque temps, le président de la Réserve fédérale, Jerome Powell, a déclaré qu'il croyait toujours qu'il n'y avait pas de lien entre l'inflation et la masse monétaire.

Dans son rapport de politique monétaire au Congrès en février 2021, on peut lire : « La croissance de M2 n'a pas vraiment d'implications importantes pour les perspectives économiques. » Mais, depuis, le taux d'inflation annuel a grimpé à 8,1 % contre 1,7 %...

Cependant, Powell n'a toujours pas changé d'avis. Dans un témoignage au Congrès en décembre 2021, il a soutenu que le lien entre la monnaie et l'inflation a pris fin il y a environ quarante ans !

On peut donc comprendre que l'agrégat M2 américain augmentait à un rythme record (39,9 % de croissance cumulée depuis février 2020), alors que l'inflation prédite (sur la base des modèles de l'évolution de M2) a été, dans l'ensemble, observée.

**Il y a donc un biais intellectuel contre la reconnaissance d'un quelconque lien entre création monétaire et inflation, ce qui est étrange compte tenu de la force de la corrélation observée depuis des siècles et de la politique visant à atteindre 2 % d'inflation par… la création monétaire.**

**2.** La deuxième raison est liée à la confiance mécanique dans l'objectif d'inflation de 2 % qui a prévalu jusqu'à récemment.

**Un objectif d'inflation est censé protéger le système contre les hausses de prix excessives ou la déflation, mais il n'est pas de rechercher un niveau de prix artificiel supérieur à celui qui résulte des forces du marché.**

Le problème de l'objectif de 2 % est que l'équilibre de l'époque était en fait atteint, pour des raisons structurelles, avec un taux d'inflation d'environ 1 %. C'était l'ordre de grandeur qui permettait d'éviter aussi bien la déflation que l'inflation excessive.

Mais au lieu de laisser l'inflation évoluer autour de 1 %, les banques centrales ont voulu, *à tout prix*, faire passer l'inflation de 1 % à 2 %. Cette vision erronée et doctrinale a conduit les banques centrales à gonfler massivement et inutilement la création monétaire. Le prétexte était : « Nous n'avons pas encore atteint le sacro-saint objectif de 2 % » (en dépit du fait que ce chiffre de 2 % était artificiel et que même s'il avait été atteint, il n'aurait pas garanti la prospérité).

**Le péril de la déflation a été exagéré, tandis que les dangers de taux d'intérêt trop bas ont été complètement sous-estimés.**

**3.** La troisième raison est qu'aujourd'hui, les banquiers centraux veulent être « populaires ».

Une Banque centrale devrait être préoccupée par la nécessité de maintenir la stabilité de la monnaie et de lutter contre le plus grand mal de tous : l'inflation.

Mais de nos jours, les banquiers centraux aiment être considérés comme « populaires » :

- une politique de stimulation monétaire continue est, en soi, absurde. Mais les gens l'apprécient, et cela rend les gouvernements emprunteurs heureux. À cet égard, il est de fait que la BCE, comme la Fed, ont pénétré très avant dans le territoire fiscal et budgétaire. Les interventions quantitatives ont, certes, été expliquées par le désir d'éviter des perturbations de marchés et donc de mieux assurer la transmission de la politique monétaire. Mais il n'en reste pas moins que l'ampleur de ces opérations se traduit par un avantage considérable accordé aux gouvernements emprunteurs (*fiscal dominance*) ;

- les banquiers centraux ont tendance à multiplier leurs objectifs : initiatives vertes, inclusion sociale… ;
- l'existence d'objectifs aussi divers et, le cas échéant, incompatibles tend à affaiblir et à diluer l'objectif principal d'une Banque centrale qui est la stabilité monétaire.

CHAPITRE VI

# Que devrait être la politique monétaire de la BCE dans le contexte actuel de forte inflation ?

## *L'angoisse des banquiers centraux : souvenirs des années 1970*

Je me souviens des années 1970 où l'inflation faisait rage, poussée par des hausses importantes du prix du pétrole. La Fed américaine a réagi de manière agressive en 1973 en réponse au premier choc pétrolier.

Mais elle n'a pas eu le courage politique de maintenir le rythme adéquat de resserrement pendant assez longtemps en raison du coût pour la croissance du PIB (voir graphique 18).

En 1975, la Fed a abandonné le combat et a réduit les taux de manière agressive malgré une inflation galopante.

Ainsi, les taux réels sont entrés en territoire négatif. Le pétrole s'était stabilisé mais l'inflation est restée supérieure à 5 % et, finalement, l'indice des prix à la consommation a dépassé 10 % avant le deuxième choc pétrolier (1979).

Paul Volcker, le nouveau président de la Réserve fédérale, a pris la décision, en 1979-1980, de casser l'inflation en portant les taux d'intérêt jusqu'à 20 %. Il avait eu le courage d'agir vigoureusement.

L'inflation à deux chiffres a été brisée, mais le monde est entré en récession. Et les économies surendettées (notamment en Amérique latine) ont été prises au piège de la dette (les taux d'intérêt ont augmenté sur des emprunts à taux variables alors que la récession faisait chuter les prix des exportations).

**Graphique 18.** Inflation, croissance et politique de la Fed au cours des années 1970

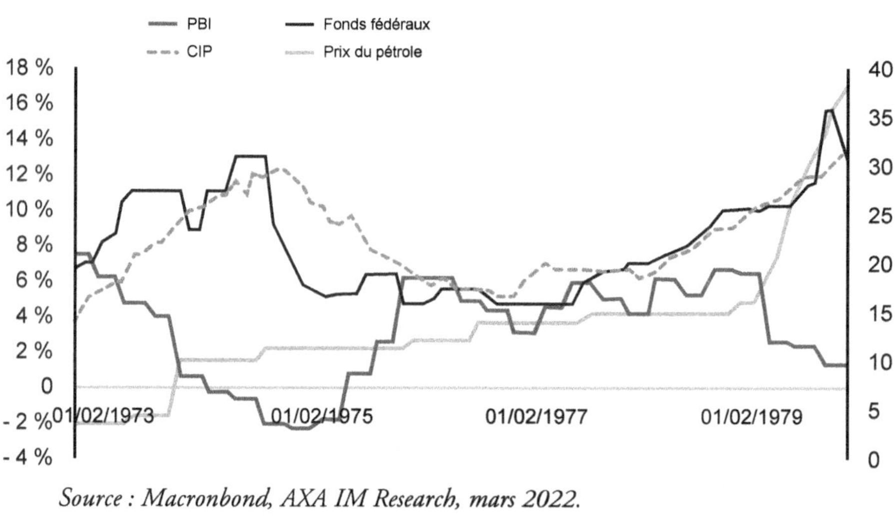


*Source : Macronbond, AXA IM Research, mars 2022.*

## *Le dilemme monétaire en cas de choc pétrolier*

Ben Bernanke, en 2004 (juste avant qu'il ne succède à Alan Greenspan), a déclaré : « La politique monétaire ne peut pas compenser les effets récessifs et inflationnistes de la hausse des prix du pétrole en même temps. Elle doit choisir. »

La question est donc : comment choisir ?

Il faut peser les inconvénients et les avantages relatifs de chaque option.

### Première option : laisser l'inflation augmenter afin de protéger la croissance du PIB ?

Cette option ne devrait être envisagée que si la croissance était fortement orientée à la baisse, que si le chômage augmentait dangereusement et que l'économie s'éloignait de plus en plus de sa pleine capacité dans un environnement de faible inflation.

Tel n'est pas l'environnement actuel.

Aux États-Unis, le taux de chômage est descendu au niveau record de 3,8 % et les salaires sont en hausse.

En Europe, le taux de chômage est sur une pente descendante et l'inflation est en hausse. Le taux de chômage de l'Union européenne, en février 2022, a atteint 6,8 % de la population active et s'est maintenu à ce niveau en avril. Cet indicateur est le plus bas depuis

**Graphique 19.** Croissance de l'indice des prix à consommation dans les principales économies avancées, en % annuel de la création monétaire

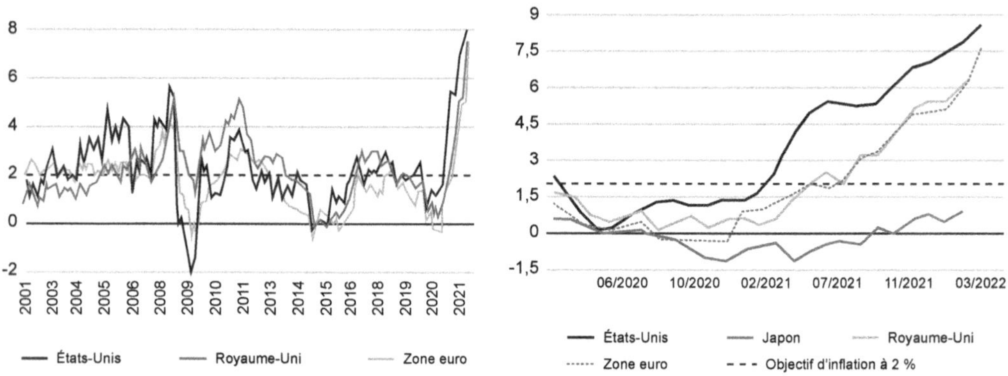


*Source : BIS, Eurostat.*

qu'Eurostat a commencé à compiler cette série en avril 1998. En revanche, le taux d'inflation annuel de la zone euro est estimé à 8,1 % en mai 2022.

## Deuxième option : resserrer la politique monétaire, ce qui est conseillé si l'inflation est devenue un risque sérieux en soi

C'est le cas aujourd'hui. L'inflation dans la zone euro atteint un taux annuel de 8,1 % en mai 2022 (contre 7,4 % en avril)[1], tandis que les taux d'intérêt réels deviennent plus négatifs en raison de la politique de la BCE et de l'inflation élevée. La Fed a décidé, à juste titre, de commencer à relever les taux d'intérêt pendant le choc énergétique actuel, mais de manière très progressive.

1. Estimation Eurostat 31 mai 2022.

Jamais la politique monétaire n'a été aussi accommodante qu'aujourd'hui en termes de taux d'intérêt réels. Lorsque l'inflation apparaît, il faut resserrer la politique monétaire, mais cette fois, les banquiers centraux la laissent s'assouplir.

La question que beaucoup de gens se posent en fin de compte est la suivante : « L'inflation n'est-elle pas le remède miracle contre la dette ? » Plus l'inflation est importante, plus la charge de la dette en termes réels diminue. C'est ce qui s'est passé après les grands conflits du XXe siècle, au détriment des créanciers.

Pourquoi ne pas envisager une solution similaire aujourd'hui, alors que la capacité des banques centrales à financer la dette publique est devenue massive ?

Face à cette question, deux remarques s'imposent :

**1.** Ce raisonnement repose sur une inflation illimitée : il faut être prêt à subir pendant longtemps une très forte inflation à deux chiffres pour neutraliser une dette sans commune mesure avec celle du passé. Une telle solution n'est pas sans risque :

- les risques sociaux et le développement du populisme ; même si les salaires peuvent être protégés par l'inflation, il n'en est pas de même pour les revenus des services ou des placements financiers ; ainsi, une catégorie importante de la population (« les classes moyennes ») verra la diminution inéluctable de ses revenus d'épargne ;
- l'horizon de l'investissement est brouillé et altéré pour les entrepreneurs dans un contexte inflationniste incertain ;

– le taux de change baisse avec le développement de l'inflation, ce qui augmente le coût des importations (« inflation importée »).

**2.** L'effet récessif de l'inflation ne doit pas être sous-estimé : la consommation tend à diminuer avec la hausse durable des prix et la perte du pouvoir d'achat ; les marges des entreprises en forte concurrence sont réduites, l'investissement est atone en raison de la baisse des taux réels et de l'absence de clarté sur les perspectives d'évolution et la stagflation s'installe…

## *La réponse de la BCE : après avoir été longtemps hésitante et ambiguë, elle commence, en juin 2022, à cerner les vrais problèmes*

La position initiale de l'Eurosystème fut de nier la gravité de l'inflation qui était supposée être « temporaire » et s'achever fin 2022. Il en résultait que la politique choisie fut de se concentrer sur une réduction des achats de titres – qui devait se terminer au troisième trimestre 2022 – suivie seulement « plus tard » d'une remontée des taux d'intérêt.

Devant la persistance et l'aggravation de l'inflation, la BCE a commencé, en juin 2022, à prendre une orientation plus réaliste :

- Les achats d'actifs (APP) devaient s'achever le 1er juillet 2022 mais les réinvestissements de titres venant à échéance seront maintenus « pendant une période prolongée ». Quant au remboursement des titres répondant à la pandémie (PEPP), ils seront réinvestis « au moins jusqu'à fin 2024 ».

« Les orientations ci-dessus pourront être assouplies à tout moment si besoin s'en faisait sentir. »

• Taux directeurs : une augmentation de 25 points de base a été prévue pour juillet 2022. D'ici là, les taux directeurs restent inchangés : le taux d'intérêt des opérations principales de refinancement ainsi que ceux de la facilité de prêt marginal et de la facilité de dépôts demeurent respectivement à 0,00 %, 0,25 % et - 0,50 %.

Dans un contexte d'inflation annuelle à 8 %, les taux de refinancement ci-dessus atteignent des niveaux de taux d'intérêt réels négatifs records : la politique monétaire est devenue encore plus accommodante.

Au-delà, en septembre 2022, la BCE prévoit une « séquence progressive mais durable de hausses supplémentaires ».

• La BCE veillera à ce que l'arrivée à échéance des opérations effectuées dans le cadre du TLTRO III n'entrave pas « la transmission harmonieuse » de la politique monétaire.

En définitive, les perspectives de croissance économique demeurent assez positives pour la zone euro dans le scénario de base de la BCE. De ce point de vue, on peut considérer que la BCE ne retient pas l'hypothèse de la stagflation.

Mais on peut avoir des doutes sur ces prévisions, plutôt optimistes, de la BCE sur la croissance.

## *La projection de la BCE en matière d'inflation a été révisée de façon plus réaliste en juin 2022*

**Graphique 20.** Les prévisions de la BCE pour la croissance et l'inflation dans la zone euro (% changement annuel) se veulent rassurantes

| | Juin 2022 | | | | Mars 2022 | | | |
|---|---|---|---|---|---|---|---|---|
| | 2021 | 2022 | 2023 | 2024 | 2021 | 2022 | 2023 | 2024 |
| PIB réel | 5,4 | 2,8 | 2,1 | 2,1 | 5,4 | 3,7 | 2,8 | 1,6 |
| IPCH inflation | 2,6 | 6,8 | 3,5 | 2,1 | 2,6 | 5,1 | 2,1 | 1,9 |

*Source : BCE-AXA, juin 2022.*

Le graphique ci-dessus montre que :

– les projections d'inflation ont été fortement relevées pour les deux prochaines années : 6,8 % pour 2022 (contre 5,1 % prévu en mars 2022), 3,5 % pour 2023 et 2,1 % pour 2024 ;

– les perspectives de croissance économique de la zone euro ont été révisées à la baisse : 2,8 % pour 2022 (contre 3,7 % prévu en mars 2022), 2,1 % en 2023 (contre 2,8 % prévu en mars 2023) et 2,1 % en 2024 (contre 1,6 % prévu en mars).

Mais on peut avoir des doutes sur ces prévisions plutôt optimistes de la BCE sur la croissance et l'inflation.

En effet, les prix des matières premières s'envolent (avec la guerre d'Ukraine, mais aussi indépendamment)

et les anticipations du marché prennent en compte des hypothèses plus extrêmes que celles de la BCE avec un pétrole à 125 dollars le baril et l'impact d'un effondrement de la demande russe pour les biens en provenance de l'Union européenne. La croissance pourrait alors tomber en Europe en dessous des 2,3 % prévus dans le « scénario sévère » pour 2023.

Si l'on ajoute l'inévitable « transition énergétique » et le coût de la décarbonisation, il est difficile de prévoir une détente des prix de l'énergie dans les années à venir.

Un document du BlackRock Institute[2] souligne la gravité du risque de stagflation compte tenu de la dépendance de l'Europe à l'égard du gaz russe. L'élimination des importations de gaz russe pourrait ajouter 1 à 1,5 % à l'inflation en Europe et réduire considérablement sa croissance.

En outre, la croissance modérée des salaires telle que prévue par la BCE (environ 4 % par an en 2022-2023) semble plutôt irréaliste : cette projection laisserait pratiquement tout le poids de l'inflation retomber sur les salariés.

*

On demandera peut-être : « Si l'inflation et ses effets récessifs sur la croissance augmentent, est-ce le bon moment pour resserrer la politique monétaire ? Le risque est que nous ayons davantage d'effets récessifs. »

La réponse est, à mon sens, la suivante :

2. BlackRock Investment Institute, *Taking Stock of the Energy Shock*, mars 2022.

Les taux d'intérêt en termes réels sont dangereusement bas – à 6 % – et l'assouplissement de la politique monétaire qui résulte de l'inflation élevée crée des distorsions massives :

- l'investissement (indispensable à la croissance) ne peut être restauré avec une « taxation » aussi sévère de l'épargne ; or l'investissement est la clé de la réduction de l'écart de production entre la croissance potentielle et la croissance effective (*output gap*) ;
- les entreprises zombies (laissées en vie à cause de la subvention des taux d'intérêt) réduisent la productivité mondiale ;
- les bulles immobilières vont continuer à gonfler avec des taux d'intérêt très bas qui rendent les prêts hypothécaires si bon marché ;
- les rachats d'actions vont continuer à se développer (267 milliards de dollars de rachats annuels à la fin du premier trimestre 2021 et maintenant 319 milliards de dollars à la fin du premier trimestre 2022).

Donc, la bonne question semble plutôt être : « Si nous laissons l'inflation monter encore plus haut et autorisons une politique monétaire très accommodante, que gagnons-nous ? » :

- pas plus de croissance à long terme : à cause de la « trappe à liquidité » (l'épargne est maintenue liquide puisque les projets à long terme ne rapportent rien) et parce qu'une forte inflation réduit le pouvoir d'achat et donc, la demande. Les conséquences de ce « piège à liquidité » sont dévastatrices : la préférence des investisseurs – surtout en Europe – pour la liquidité, l'immobilier et les actifs spéculatifs – encourage les bulles et détourne l'investissement productif à long terme ;

- ce que nous obtiendrions, c'est davantage d'« inflation », celle résultant, du côté de l'offre, des goulets d'étranglement, de la guerre et des chocs sur les prix des produits de base et qui se conjuguent à une forte hausse – post-Covid – de la demande. Cette inflation, si on la laisse se déchaîner, pourrait être dangereuse et alimenter (par l'indexation des salaires) la « spirale » d'autrefois. En effet, il est difficile d'imaginer que dans un tel environnement inflationniste, les salaires resteront stables en termes nominaux[3]. Le graphique ci-dessous illustre la forte croissance des salaires nominaux aux États-Unis.

**Tout compte fait, la seule réponse possible est donc de faire tout ce qui est en notre pouvoir pour réduire l'inflation et augmenter les taux d'intérêt, qui est la condition pour relancer la croissance.**

Un banquier central européen a dit récemment : « Comment des taux d'intérêt plus élevés pourraient-ils réduire le prix du pétrole ? »

Je crois que la question plus pertinente serait : « Comment une politique monétaire accommodante (avec des taux d'intérêt réels encore plus bas) pourrait-elle stimuler la demande ? »

3. La faible augmentation des salaires prévue par la BCE (autour de 4 % par an) paraît irréaliste : elle laisserait tomber sur les salariés l'essentiel du poids de l'inflation…

**Graphique 21.** La croissance des salaires aux États-Unis repart depuis 2015

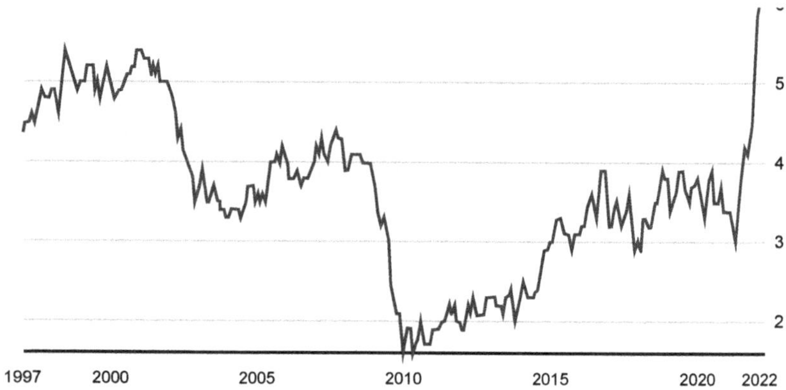


*Source : Atlanta Fed's Wage Growth Tracker.* © *FT.*

La réponse est qu'elle ne le pourrait pas.

- la demande dépend de la confiance et du pouvoir d'achat (qui sont tous deux affectés par l'inflation et la hausse des prix des produits de base) ;
- en fait, les prix du pétrole auraient tendance à augmenter encore plus si nous laissions nos monnaies se déprécier (réaction traditionnelle de l'OPEP aux dépréciations des taux de change).

Le moment est donc venu de relever les taux d'intérêt.

Il serait anormal de ne pas le faire alors que les taux réels deviennent si négatifs et que les contraintes de capacité (marché du travail) s'aggravent[4].

4. Rappelons les deux axiomes de Paul Volcker lorsqu'il brisa l'inflation à la fin des années 1970 :
- la stabilité des prix est essentielle pour réaliser le plein emploi durable à long terme alors que la surchauffe et l'inflation qui en résulte conduisent à la stagflation et à des niveaux de chômage plus importants ;

À cet argument, certains objectent deux points :

- une augmentation des taux d'intérêt en termes réels recréerait des *spreads* plus élevés au détriment de la plupart des pays endettés ; ce serait un défi de taille pour la zone euro ;
- en raison de cette « fragmentation » financière potentielle, certaines dettes publiques seraient difficiles à servir.

Comme nous l'avons déjà dit, il semble inévitable de relever les taux d'intérêt dans le contexte inflationniste actuel. Si une récession apparaissait, nous aurions recréé la marge nécessaire pour réduire les taux le moment venu, alors que si nous ne faisons rien maintenant, la politique monétaire sera impuissante face à une récession.

Augmenter les taux aujourd'hui aurait un effet restrictif beaucoup plus faible que de ne rien faire et de laisser l'inflation prospérer. En effet, tant que les taux d'intérêt en termes réels restent négatifs ou nuls, les hausses nominales mises en œuvre ne peuvent générer que des effets récessifs extrêmement faibles.

On peut ajouter que la crainte de la réapparition des *spreads* en Europe ne doit pas dominer le processus de décision. En effet, un jour ou l'autre, les écarts structurels (« les *spreads* ») – fondés sur l'accumulation passée de déficiences fiscales et structurelles – en Europe apparaîtront sur les marchés. La BCE a-t-elle l'obligation d'effacer à jamais toute trace des différences de taux d'intérêt dans l'appréciation des marchés ? Si oui, la Banque centrale serait amenée à acheter des

---

– il ne peut y avoir de progrès tangibles contre l'inflation sans une augmentation substantielle des taux d'intérêt réels.

titres « vulnérables » sans aucune limite. Si c'est ce qui est proposé, il paraîtrait difficile de le concilier avec le traité de Maastricht dans la mesure où certains États membres mettent davantage l'accent sur l'objectif de stabilité monétaire (estimant que la BCE ne doit pas monétiser la dette publique).

En outre, une telle décision à durée indéterminée pourrait dissuader les États membres d'entreprendre des réformes structurelles et encouragerait le hasard moral.

La configuration des taux d'inflation est très diverse en Europe (allant de 5,6 % à Malte à 20 % en Estonie, en mai 2022). Cette diversité pose un problème spécifique. En effet la politique monétaire unique ne peut être que moyenne ce qui est l'aveu d'une insuffisance de la politique monétaire pour les pays les plus affectés par l'inflation. Des politiques économiques nationales et macroprudentielles diversifiées doivent répondre aux problèmes individuels spécifiques afin de ne pas retomber dans l'erreur des années 2000[5].

Le résultat de l'inaction monétaire serait donc une accélération de l'inflation. Par conséquent, l'investissement productif continuerait à chuter comme nous l'avons observé au cours des vingt dernières années en période de taux d'intérêt très bas. En substance, la politique implicite qui sous-tend l'objection conduit à une combinaison d'inflation élevée et de faible croissance (stagflation). C'est la principale faiblesse de ceux qui prétendent qu'une dette élevée et sans cesse croissante associée à un taux d'intérêt nul est la « baguette

5. De 2000 à 2010, l'inflation, beaucoup plus élevée dans les pays du Sud, n'a pas été corrigée ce qui a avivé les tensions souveraines dans les années 2010.

magique » pour l'avenir. Ce n'est pas une baguette magique. C'est un piège fatal : les réformes structurelles sont dissuadées et l'investissement productif est découragé par la taxe sur l'épargne.

Alors, que faire ?

Si l'idée est de donner des chèques à l'ensemble des acteurs économiques afin d'abolir *tous* les effets de l'inflation, nous serions condamnés à une spirale sans fin de forte inflation, due à la création monétaire ainsi produite, et de faible croissance. En effet, à partir d'un certain stade d'endettement public, la recette consistant à stimuler la demande par une augmentation des dépenses publiques et des déficits, fonctionne de plus en plus difficilement, car la notation de crédit du pays stimulant se détériore, et le multiplicateur fiscal s'affaiblit.

Si les politiques budgétaires devaient rester expansionnistes pour traiter des problèmes structurels anciens, non liés à la crise, les banques centrales devraient alors resserrer encore davantage leurs politiques monétaires pour juguler l'inflation et réduire les anticipations inflationnistes exacerbées par cette stimulation budgétaire.

À cet égard, la question de la révision du Pacte de stabilité et de croissance apparaît centrale et urgente.

Il y a des propositions raisonnables sur ce sujet qui éviteraient les inconvénients du Pacte passé. Encore faut-il les décider et les mettre en œuvre. Sans quoi le ciment de l'Union monétaire se désagrégerait et la fragmentation financière s'accuserait, ce qui pourrait, à terme, mettre en cause l'existence même de l'euro[6].

---

6. Voir l'article de Jacques de Larosière et Didier Cahen, « Réformer le Pacte de stabilité et de croissance », *Eurofi*, février 2022.

L'histoire nous a enseigné le prix social et politique d'une politique de stagflation. La raison nous appelle à traiter ces questions de manière plus constructive : réduire les déficits publics excessifs surtout quand ils sont causés par des dépenses courantes, rétablir la rémunération de l'investissement productif, inciter au travail plus qu'à la redistribution et ne pas accepter l'enchaînement fatal du déclin.

Le fait qu'on ait « jeté de l'argent » aux problèmes depuis des années a joué contre la politique de l'offre. Pour réduire la marge inutilisée de l'économie (*output gap*), il faut s'occuper non seulement de la demande et de la réduction du chômage mais aussi accroître l'investissement productif et les gains de productivité qui ont été les orphelins de cette histoire. Sans quoi la stimulation de la demande ne se traduit pas par une production accrue mais aboutit à creuser notre déficit commercial. À cet égard, la qualité de la dépense publique devient un impératif absolu : autant il faut lutter contre les dépenses improductives, autant on peut favoriser le financement de dépenses d'infrastructures (y compris la recherche) dont le financement par la dette est acceptable.

L'Europe bénéficie d'un important surplus d'épargne. Au lieu de laisser cette épargne se diriger hors de l'UE et financer le reste du monde et notamment les États-Unis, il serait important de faire travailler cet argent au sein de l'Europe, ce qui nécessite une rémunération au moins aussi attractive que celle qui existe outre-Atlantique. À cet égard, *si la divergence des taux d'intérêt entre les deux côtés de l'Atlantique devait s'accroître en faveur des États-Unis, le problème d'un transfert de l'épargne vers des zones à taux d'intérêt plus élevé pourrait avoir des conséquences extrêmement négatives pour l'Europe.*

*

**Des taux d'intérêt trop bas – comme ceux que nous connaissons en Europe depuis dix ans – sont en réalité extrêmement dangereux.**

- ils poussent l'épargne vers les liquidités et la dissuadent de financer des investissements productifs à long terme (la « trappe à liquidité ») ;
- ils favorisent la survie des entreprises zombies ;
- ils affaiblissent le système bancaire et financier.

Alors que ni la Fed ni la Banque d'Angleterre n'ont permis aux taux d'intérêt nominaux d'entrer en territoire négatif, la BCE l'a fait. Cela est la manifestation d'un manque de compréhension. En effet, les banquiers centraux devraient savoir que l'investissement productif – qui dépend, en partie, de la rémunération – a chuté au cours des vingt dernières années, notamment en Europe, menaçant ainsi notre croissance future. Les taux négatifs ne sont pas favorables à l'investissement. Bien au contraire.

La BCE doit apprendre de ses erreurs. En 2017, elle a manqué l'occasion de se retirer d'une politique monétaire ultra-accommodante alors que la conjoncture l'aurait rendu facile.

Cinq ans plus tard, rien ne justifie les atermoiements actuels. Si la BCE continue d'hésiter, elle devra prendre des mesures beaucoup plus strictes plus tard si et quand l'inflation sera devenue complètement incontrôlable.

*

La lutte contre l'inflation est un exercice exigeant. Il requiert une vision et du courage.

La Fed a décidé d'agir pour resserrer sa politique monétaire. Mais la question demeure : tant que les taux réels seront négatifs – ce qui est le cas aujourd'hui – peut-on dire que la politique monétaire est suffisamment restrictive pour éliminer l'inflation ?

Nous devons être attentifs aux risques que présentent les taux d'intérêt réels négatifs sur l'investissement et la confiance, l'immobilier restant, en fin de compte, le recours contre l'inflation.

En bref, le risque d'inflation est inhérent à toute politique destinée à combler le *negative output gap* en éliminant par la création monétaire la différence entre la croissance potentielle et la croissance effective. Ce risque n'était guère considéré comme probable il y a encore un an étant donné l'ampleur de la crise pandémique et les forces structurelles à l'œuvre comme le vieillissement et la globalisation. Mais, depuis l'automne 2021, le spectre de l'inflation a surgi. Et l'environnement des taux d'intérêt réels demeure l'un des plus faibles de notre histoire.

On peut s'étonner de cette obstination, notamment de la BCE, à conserver les taux réels négatifs étant donné les conséquences néfastes d'une telle politique sur la croissance. D'une manière plus générale, vouloir conserver systématiquement des taux faibles soulève la question essentielle de la valeur de la monnaie. Celle-ci repose exclusivement sur la confiance. Le risque d'une perte de confiance semblerait menaçant si ceux qui sont responsables de cette confiance paraissaient se résoudre à considérer leur rôle comme des fournisseurs d'une matière première illimitée à coût nul plutôt que comme les gardiens vigilants de sa stabilité.

*

En définitive, le paradoxe de l'euro, c'est de faire coexister une monnaie unique et des politiques économiques nationales différentes sans un puissant ciment de coordination.

La politique monétaire ultra-accommodante et asymétrique a été utilisée pour surmonter les contradictions de ce paradoxe, mais le prix de ce sauvetage permanent est coûteux. Il est indispensable d'assurer désormais une convergence des politiques budgétaires et structurelles. Une révision intelligente du pacte de stabilité et de croissance devrait contribuer à résoudre ces contradictions et donc à pérenniser l'euro.

CHAPITRE VII

# Revenons au bilan global et gardons à l'esprit ce qu'il nous apprend, en profondeur, sur notre modèle de croissance et sa capacité à répondre aux défis de l'avenir

Les actifs réels – comme les équipements d'usines, les centrales électriques, les matériels agricoles… – ont toujours été essentiels à la création de revenus.

Les retours opérationnels sur ces types d'actifs représentent environ le quart du PIB (mais davantage si l'on tient compte de leurs effets indirects). En tant qu'investissements, ces actifs sont en général assez bien protégés de l'inflation et créent de la valeur à long terme.

Cependant, l'inflation et la croissance du PIB se sont avérées modestes depuis vingt ans, alors qu'augmentait la valorisation des actifs réels et financiers. *La recherche montre que les gains réalisés sur ces actifs ont été exceptionnellement élevés depuis vingt ans : ils ont atteint, voire dépassé en termes réels, les rendements opérationnels classiques.*

**Ce phénomène, inhabituel – et d'essence inflationniste[1] –, semble être de nature à pousser les investisseurs à rechercher des gains en capital en effectuant systématiquement des transactions sur ces valeurs plutôt que de s'attacher à financer – et à conserver – des équipements nouveaux ou les titres qui en sont représentatifs, comme il était d'usage autrefois.**

Cela pose des questions fondamentales : quel rôle joue la valorisation des actifs dans la conduite de l'économie globale d'aujourd'hui ? L'importance des gains actuels provenant des transactions sur ces actifs est-elle justifiée au regard de ce que devrait être un retour opérationnel normal et une allocation souhaitable des ressources ?

« La productivité émanant des actifs réels est à l'origine d'une partie substantielle de la croissance économique. Quant aux retours opérationnels, ils représentent une portion importante du revenu national. Ce revenu permet aux ménages de consommer et d'épargner, aux entreprises d'investir et aux gouvernements d'élargir leur espace fiscal pour mieux gérer leurs finances

1. L'inflation des actifs (les « bulles ») est le signe d'une hausse des prix anormale – au-delà des « fondamentaux ». Elle est une source de déstabilisation du système financier et comporte des inconvénients aussi importants que ceux de l'inflation des prix à la consommation… McKinsey démontre que la part – stagnante – des salaires dans le total des revenus depuis vingt ans s'explique en grande partie par la composition du mix des actifs dans les différents pays : plus les actifs sont hautement valorisés, plus ils « absorbent » du PIB, au détriment des salaires.

publiques. Il est de fait que, depuis vingt ans, les gains sur actifs financiers ont considérablement augmenté pour atteindre, en termes réels, le niveau des retours opérationnels. Cela ne va-t-il pas inciter les détenteurs d'actifs à investir, notamment, dans le stock existant de biens immobiliers ? Quelles conséquences cela peut-il avoir sur les actifs réels et leur rôle dans l'économie ? »

Cette interrogation, formulée par McKinsey, est d'une portée fondamentale et devrait interpeller nos dirigeants.

Or que nous dit le bilan global ?

Essentiellement, qu'il a crû plus vite que le PIB. De 1970 à 2000, les éléments constituant le bilan global sont passés de 10 trillions à 150 trillions de dollars.

Si l'on prend les cinquante dernières années (de 1970 jusqu'à aujourd'hui), on voit que le bilan augmente significativement plus vite que le PIB, et que cette vitesse s'accélère depuis 2010 (comme le montre le graphique 22).

Depuis 2010, le bilan global a crû de 11 % par an, soit deux fois plus vite que le PIB de 2000 à 2010 (5 % par an). Alors que les actifs comptaient pour 8 fois le PIB en 1970, ils en représentaient 18 fois en 2020.

Cette accélération de la finance mondiale pose des problèmes sérieux pour ce qui concerne l'avenir même de nos sociétés.

**La valeur nette a été beaucoup plus rapide dans son expansion que le PIB de 2000 à 2020. Durant ces vingt ans, la valeur nette – calculée aux prix de marché – a progressé de 50 % par rapport à celle du PIB. La hausse des prix des actifs réels représente les trois quarts de l'augmentation de l'actif net de 2000 à 2020.**

**Graphique 22.** Depuis cinquante ans le bilan global a crû plus vite que le PIB avec une accélération particulière depuis dix ans

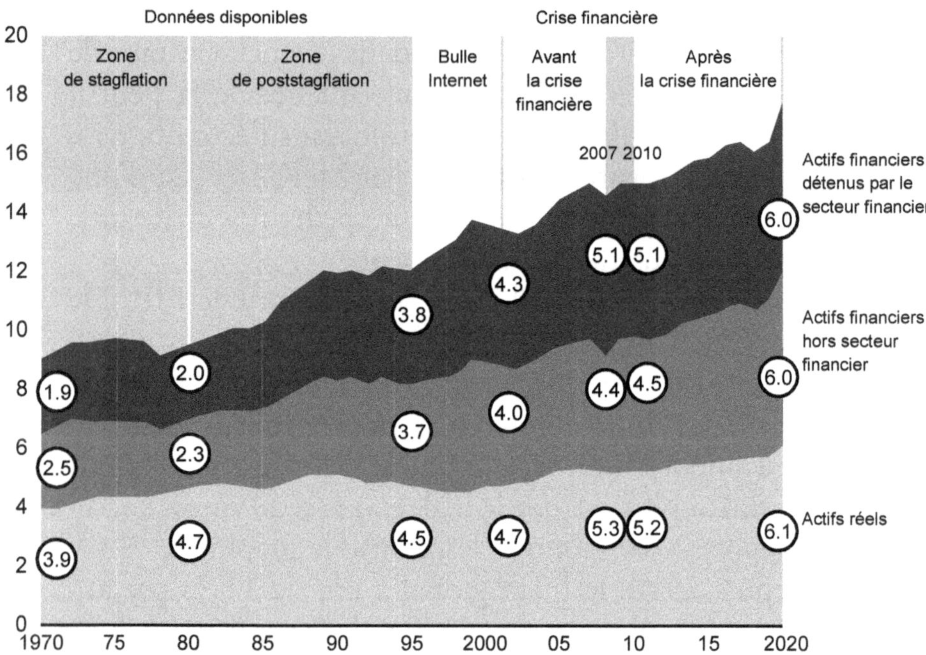


*Source : McKinsey.*

Le rôle joué par la politique monétaire a été important dans cette évolution ; comme les taux d'intérêt étaient maintenus bas, alors que la valeur des actifs montait, l'activité des fonds de gestion désireux de profiter de la hausse des opportunités de revente favorables n'a cessé de croître.

**La recherche souligne que la croissance de la valeur nette globale est plus le résultat des hausses de valorisations que de l'accumulation d'épargne et d'investissements. Ce phénomène,**

**dû à l'extrême accommodement de la politique monétaire, n'avait pas été observé dans le passé.**

Un chiffre est parlant : aux États-Unis, 87 % de la croissance de la valeur nette de 2000 à 2020 ont été le résultat des hausses de valorisations[2] et non de la valeur ajoutée créée par l'investissement (13 %).

**Au total, sur le plan mondial, le rapport est de 23 % de valeur réelle créée par l'investissement et 77 % par le jeu des valorisations. Or c'est l'inverse qui nous permettrait de traiter les problèmes de l'avenir.**

**Graphique 23.** Évolution de la valeur du Bitcoin en dollars

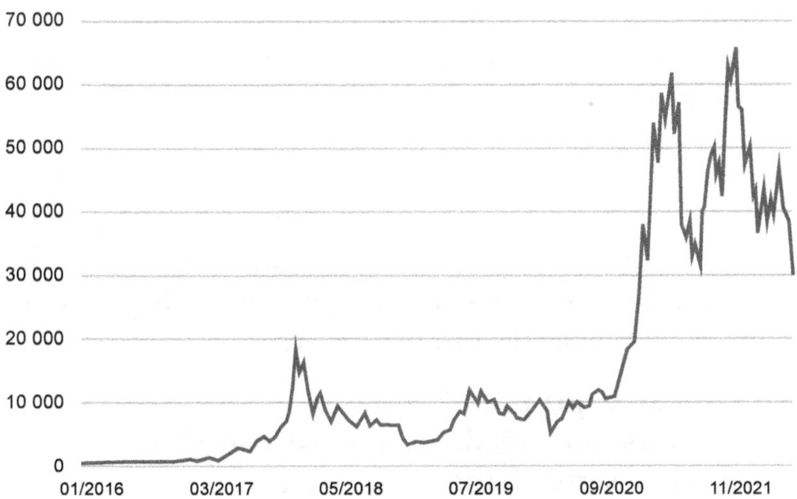


*Source : Yahoo Finance. Dernières données datant du 18 mai 2022.*

2. Les 87 % d'augmentation des valeurs se subdivisent en : 47 % d'inflation et 40 % au-delà de l'inflation.

Nous avons donc « financiarisé » notre système et notre cycle à l'extrême. En réduisant à zéro les taux d'intérêt, on a cassé les mécanismes qui permettaient à l'épargne de contribuer activement à l'investissement. Le résultat est un système qui se nourrit de transactions sur titres, un développement inouï des valeurs immobilières favorisées par des taux hypothécaires proches de zéro, une hausse des spéculations sur cryptomonnaies et un repliement des épargnants de base dans la trappe à liquidités.

*

Les considérations précédentes ne sont pas une critique dogmatique de la politique monétaire, mais le résultat de l'étude objective, par des techniciens respectés, du bilan global qui présente un certain nombre d'anomalies graves et qu'il faudra traiter si nous voulons réorienter notre système financier vers plus de croissance et moins de spéculation.

Sans un réexamen en profondeur de ce qui constitue l'essentiel de notre paradigme de financement de l'économie, je ne vois pas comment on pourra répondre aux défis qui nous attendent, et notamment ceux des considérables investissements qui sont indispensables dans le domaine des infrastructures.

**Une finance qui prend le pas sur la croissance réelle ne saurait constituer un modèle satisfaisant de société.**

D'abord parce qu'elle comporte des « pertes en ligne » proprement phénoménales comme l'a montré le rapport McKinsey. On ne dissipe pas en super-valorisations les trois quarts de l'effort économique, sans conséquences pour la croissance à long terme.

Ensuite, parce que ce modèle privilégie les inégalités sociales et risque de provoquer des bouleversements politiques dont nos démocraties feraient bien de se préoccuper avant qu'il ne soit trop tard.

Enfin, parce que le paradigme actuel ne saurait durer : il aboutira à l'aggravation de l'endettement, déjà si dangereux : le moindre retournement des marchés risquerait de déclencher de graves crises financières.

## *Un mot sur le sens profond de cette expansion du bilan mondial*

Bien que les chiffres soient assez différents selon les États considérés, il reste que les Gouvernements ont accru considérablement leur endettement depuis la crise financière de 2008. On a souvent dit que les États avaient eu tort de pratiquer l'« austérité budgétaire » après la crise. En réalité ils ont accru, en moyenne, leur dette de 0,4 fois le PIB depuis 2008 (et la France de 0,7 fois…).

Mais alors que le niveau de la dette a sensiblement augmenté depuis vingt ans, le coût de son service a chuté du fait des politiques monétaires.

En termes de bilans, le prix des logements a doublé en France depuis vingt ans, d'où le record français du ratio valeur nette/PIB parmi les pays de l'échantillon.

Quant au *loan to value* (rapport prêts/valeur des actifs) il est passé en France de 0,7 à 1 (plus que la moyenne internationale).

Qu'en penser ?

Quand la valeur des actifs augmente beaucoup plus vite que le PIB, c'est, en général, le signe d'une surchauffe qui mène toujours une correction par le marché.

Si la croissance de la valeur nette résulte des hausses de prix des actifs plus que de l'investissement, on risque de favoriser la minorité des détenteurs d'actifs les plus aisés au détriment des salariés disposant de peu de stocks d'épargne financière.

EN GUISE DE CONCLUSION :

# Où l'on voit qu'un jour la réalité finit par prévaloir et sonner la fin de la récréation

Au terme de cette descente dans les profondeurs du « bilan global », que penser ?

Il y a, d'abord, la tentation du déni : elle nous guette toujours dans les moments importants.

Cette tentation est facile à formuler et je ne doute pas que, pour beaucoup de décideurs, elle offre une alternative commode et apparemment rationnelle.

Voici comment cette option pourrait s'argumenter. « Oui, il y a un gonflement énorme du bilan mais cela montre que le surcroît d'actifs créé a été bien reçu par le marché ; c'est une preuve de confiance rassurante et qui vaut mieux que l'inverse. Quant à la taille de la dette, on a tort de la brandir comme un épouvantail. La balance épargne-investissement montre une croissance structurelle de l'épargne due au vieillissement de la population (les peuples vieillissants investissement de moins en moins et épargnent de plus en plus, d'où la baisse inéluctable des taux ; c'est ce phénomène, démographique, beaucoup plus que la politique monétaire, qui explique la baisse "naturelle" des taux). Dans ces conditions, il est rationnel de continuer à emprunter à des taux très faibles voire négatifs et en tout cas inférieurs au taux de la croissance économique. Puisque la charge du service de la dette a quasiment disparu, il faut tirer parti de cette conjoncture et continuer la stimulation budgétaire et monétaire pour arbitrer en faveur de la croissance. Cela serait d'autant plus vrai qu'une part significative de cet endettement peut rester indéfiniment dans les bilans des banques centrales. »

La faiblesse majeure de cette argumentation est double.

En premier lieu, même si la dette ne coûte pas cher aujourd'hui, il n'est jamais sûr qu'il en sera toujours de même. La dette, dont les échéances sont refinancées par de nouveaux emprunts, se perpétue et, en cas de nouveaux déficits, elle grossit même quand elle est assortie de taux bas[1]. Les crises financières ont le plus souvent pris les opérateurs par surprise ; à un moment – moment bien décrit par la littérature (Minsky) –, le marché – qui est allé trop haut – se renverse : les titres dont les cours étaient considérés comme normaux se mettent à baisser sous le coup des ventes, et les taux d'intérêt deviennent inabordables. Telles furent les crises de 1982 et de 2007-2008. Et telle sera sans doute celle

1. Les refinancements d'échéances dits *roll over* par de nouveaux emprunts maintiennent le volume de l'endettement. Mais l'emprunt pour financer les accroissements des déficits augmente le volume de l'endettement.

que le « bilan global » décrit dans cet essai nous prépare méthodiquement.

En second lieu, la thèse de la stimulation continue par l'accroissement indéfini de la dette à taux nul comporte une faiblesse fondamentale. Elle ne tient pas compte du fait que plus le ratio dette/PIB augmente, moins forte devient la crédibilité de l'État émetteur, plus élevés sont les taux de marché et moins efficace la stimulation. Le fait que les taux d'intérêt soient encore inférieurs aux taux de croissance ne garantit pas la pérennité de la soutenabilité de la dette en question[2]. Et si l'on voulait *tout* monétiser, on se heurterait, en Europe, au traité de Maastricht.

Enfin, la thèse évoquée ci-dessus a le tort de considérer les besoins d'épargne comme devant toujours continuer leur déclin du fait du vieillissement. En réalité, le monde va avoir besoin de plus en plus d'épargne pour financer les immenses investissements nécessités par la mutation écologique, la lutte contre le réchauffement climatique et la transformation énergétique.

Quand cette épargne commencera à être mobilisée, on assistera à une inévitable remontée des taux d'intérêt « naturels ».

La solution consistant « à ne rien faire » ou « à faire trop peu » est donc très dangereuse ; elle se fonde sur le maintien, inchangé, du paradigme actuel alors qu'il faut essayer d'évaluer les lames de fond et s'y préparer.

---

2. Historiquement, un rapport r – g négatif (où r = taux d'intérêt nominal et g = taux de croissance économique) n'efface pas les problèmes de soutenabilité à terme. Plus l'endettement s'accroît, plus les *spreads* (écart entre les taux) ont tendance à s'élever pour les pays les plus vulnérables et la croissance à se fragiliser. La mécanique de la stimulation finit par se gripper.

La configuration du marché financier d'aujourd'hui ne saurait, en aucune façon, être le fondement et le guide de l'action et de la politique futures.

*

La création exacerbée de monnaie Banque centrale finit par conduire à l'inflation.

Jean Bodin l'avait déjà compris et démontré au XVIe siècle. L'inflation est un phénomène monétaire. Il y a un moment où l'abondance de liquidités créées aboutit à la hausse des prix et, dans le pire des cas, à la spirale inflationniste (par l'indexation des salaires sur les prix).

Nous vivons aujourd'hui les prémices d'un tel moment : après la débauche de financements, l'inflation est en train de nous rappeler à la réalité.

Mais le débat sur l'inflation est souvent faussé parce qu'il est dominé par la question réductrice :

« L'inflation actuelle est-elle durable ou va-t-elle se dissiper en 2022 ou 2023 ? »

Tel est l'aspect de la question sur lequel se focalise la discussion.

Or, en réalité, il apparaît assez vain d'analyser les éléments de hausse « plutôt temporaires » comme la rupture de certains circuits d'approvisionnement ou des pénuries de gaz ou de pétrole (mais sont-elles temporaires[3] ?), pour décréter que ces problèmes d'offre seront rapidement réglés et que la tension actuelle s'effacera.

3. Il est probable qu'avec l'orientation – souhaitable mais coûteuse – vers des énergies « propres », les prix de l'énergie vont être à la hausse pendant des années.

La question est plus profonde.

Comme on l'a vu au chapitre II, la faible élasticité à la hausse de la croissance potentielle dépasse les problèmes immédiats d'offre et de chaînes de valeur. Elle est favorisée, en profondeur, par les dérèglements décrits dans cet essai.

**Le système financier analysé ci-dessus et en particulier la quasi-suppression des taux d'intérêt qui pénalise l'investissement productif à long terme – ainsi que l'excès de création monétaire qui mène au surendettement et aux crises – apparaît incompatible avec les besoins en investissements de nos économies. Il faut donc changer de politique et notamment assurer une rémunération de marché normale pour ceux qui acceptent de prendre des risques sur des projets à long terme. L'objectif n'est pas de perpétuer le gonflement du bilan global pour le bien-être d'une minorité, mais de favoriser la croissance réelle à long terme et de créer des gains de productivité.**

Il faut se préparer au jour où l'inflation sanctionnera l'abus de la création monétaire ainsi que l'endettement.

Ce jour arrive et il faut s'y adapter.

Différer les réformes de structure en empruntant davantage ne sera plus une option possible car la hausse des prix et la montée des taux réduisent le pouvoir d'achat et donc la portée réelle de la stimulation budgétaire.

**Il faudra s'adapter aux nouvelles réalités, faire revivre le goût de l'effort, rémunérer l'épargne et le travail, redonner son sens à la solidarité et arrêter de croire que la création monétaire est la panacée qui permet de gouverner sans effort.**

Telle est la voie qui s'impose : tout faire pour renforcer l'offre de capital productif – physique et humain –, élément clé de la croissance à terme mais en état de perdition depuis vingt ans, comme le présent essai le démontre.

**Il faut comprendre que notre avenir – non inflationniste – dépend de l'élasticité de l'offre, et donc d'un investissement suffisant et d'une main-d'œuvre bien formée.**

Tout ce qui peut inciter l'épargne vers les placements liquides au détriment des choix à long terme doit être combattu.

L'économie doit retrouver sa flexibilité et faire reculer les limites d'utilisation des capacités de production.

La même recommandation couvre la recherche-développement et la formation professionnelle.

Les vraies questions sont là et non pas dans des conjectures sur la date de la restauration des capacités portuaires, ou de certaines chaînes de valeur.

Il faudra bien, un jour, que l'on comprenne que le rétrécissement de la marge (l'*output gap*) entre croissance potentielle et croissance observée ne se ramène pas à la seule « lutte contre le chômage » et à la restauration des chaînes de production, mais qu'elle suppose l'activation de *toutes* les sources de croissance qui constituent, en fin de compte, notre écosystème : l'investissement productif – pénalisé depuis vingt ans –, le développement de la formation – pensons aux « cadres » et aux jeunes qui ne se forment pas depuis des années faute de dispositifs adaptés –, la remontée de la part des salaires dans les revenus, alors que notre « système » n'a cessé d'arbitrer, en fait, contre les salaires et en faveur des gains spéculatifs, la revalorisation de la concurrence…

**L'objectif est la définition et la promotion d'une vue à long terme de notre avenir – et non notre complaisance à entretenir une économie dont le caractère poussif est masqué par une apparence de richesse – pensons aux 77 % de valorisations face aux 23 % de « vraie » valeur ajoutée par l'épargne et l'investissement.**

**Le fait que nous soyons soumis à des incertitudes de plus en plus grandes (géopolitiques, économiques, financières) a fourni à certaines institutions publiques comme les banques centrales la tentation d'apparaître comme des pôles de connaissance et de stabilité. Cette apparente supériorité a été malheureusement favorisée par un déclin de la pensée économique et une simplification de la stimulation pour la stimulation. Il est temps de réapprendre l'humilité et que les banques centrales se demandent aussi si « quelque chose pourrait ne pas être satisfaisant » sans se borner à répéter que « tout va bien ». Quand on pense aux idées écartées**

**par les institutions officielles, on mesure les dégâts de cette doctrine soi-disant non conventionnelle.**

**Comme Kevin Warsh et John Cogan l'ont écrit[4], « les meilleures institutions savent ce qu'elles savent et savent aussi ce qu'elles ne savent pas. Elles devraient montrer un haut degré de modestie en ce qui concerne le futur, et les meilleures d'entre elles doivent être pénétrées de l'idée que des événements infortunés peuvent toujours se produire ».**

*

Nous nous sommes habitués en France à un système social redistributif généreux qui nous est souvent envié.

Mais nous avons, en fait, décidé (sans l'exprimer formellement) que nous ne financerions son déficit (celui qui dépasse les cotisations encaissées) ni par l'impôt, ni par des réductions d'autres dépenses publiques, ni par davantage de travail, mais par l'emprunt public.

Il est résulté de ce choix que :

- les entreprises françaises – qui financent une part majeure des cotisations sociales – ont été surtaxées en comparaison de leurs concurrentes, ce qui a abîmé leur compétitivité ;
- et que, pour le reste – non financé par des contributions déjà élevées –, notre déficit et donc notre dette publique se sont accumulés dangereusement.

4. John Cogan et Kevin Warsh, « America needs a return to first principles », mai 2022.

Il devrait, rationnellement, exister en France un consensus pour :

**1.** Maintenir le système social (en introduisant un degré de cofinancement – franchises – pour les bénéficiaires les plus favorisés afin de ne pas avoir à recourir à la dette pour payer les « déficits de fin de mois », ce que nous pratiquons).

**2.** Ramener les charges des entreprises à l'étiage de leurs concurrentes en supprimant notamment notre excès d'impôts sur la production.

**3.** Maîtriser l'évolution de notre dette publique en ramenant graduellement à la « normale européenne » la trajectoire de nos dépenses.

**4.** Réfléchir à ce qui pourrait être amélioré dans le fonctionnement du système monétaire international, la réforme devant être axée sur une plus grande discipline – s'appliquant tant aux créanciers comme aux débiteurs – dans le cadre d'une véritable coopération économique mondiale.

L'absence de toute discipline monétaire favorise l'excès d'endettement et ouvre la porte aux guerres commerciales et aux tentations de surenchères sur les changes.

À un moment où les sanctions financières, suite à la guerre d'Ukraine, compromettent la liquidité du système global et poussent à la formation de blocs hostiles, il est temps de se préoccuper de faire renaître un système monétaire international plus stable, plus équitable et plus contrôlé.

*

Mais pour réussir et relever ces défis que d'autres pays (comme la Suède ou le Canada) ont su traiter en l'espace de cinq ans, il faudra, dans l'esprit du présent essai, aller plus loin et changer le paradigme financier actuel qui est à bout de souffle.

En effet, il sera impératif :

**1. De redonner vie à l'investissement productif**, l'orphelin de ce récit, et pour cela s'interdire de fixer administrativement (ou de « guider » le marché) à près de zéro les taux d'intérêt à long terme et accepter de laisser le marché rémunérer l'épargne à moyen et long terme – en fonction de l'offre et de la demande – sans quoi il ne peut y avoir ni investissement productif ni gains de productivité.

**2. D'établir plus de justice sociale**, alors que la financiarisation a, en fait, arbitré en faveur des 10 % de privilégiés au détriment des salariés.

Le maintien du paradigme actuel que révèle le « bilan global » décrit dans ce livre ne permettra jamais à notre pays de se moderniser ni de se relever. Il faut donc le changer : arrêter la folle progression de la création monétaire et de l'endettement, encourager le développement des fonds propres plus que de la dette, et accepter que les plus favorisés paient leur part d'une économie plus juste et plus efficace.

*

En fin de compte, ce qui aurait pu n'être qu'une aride analyse du bilan global s'avère être une introduction à la réflexion et une invitation à l'action politique. Il faut sortir d'un modèle qui privilégie l'illusion sur la réalité. Il faut rétablir certaines données, certains principes qui ont permis les succès passés et combattre les aspects du système actuel – fussent-ils « non conventionnels » – qui s'avèrent artificiels et pernicieux et qui ne pourront, en rien, contribuer à la vague d'innovations et d'investissements que nous prescrit la préoccupation écologique la plus élémentaire.

Jacques DE LAROSIÈRE

# Annexe

Il est intéressant de noter que la politique monétaire – malgré son asymétrie et son caractère continûment accommodant soulignés au chapitre V – n'a été mise en cause par les observateurs les plus lucides que très tardivement (à partir de 2021).

Après l'analyse critique – montrant que la politique monétaire avait puissamment contribué à la crise financière globale de 2007-2008 – que j'avais présentée à l'Université de Columbia en 2010, cinq textes importants me paraissent devoir être mentionnés.

Ils éclairent, chacun à sa manière, les graves déficiences de la politique monétaire des vingt dernières années.

## Mervyn King (novembre 2021)[1]

Dans un discours prononcé en novembre 2021, l'ancien gouverneur de la Banque d'Angleterre souligne :

---

1. Mervyn King, *La Politique monétaire dans un monde d'incertitude radicale*, Institut de recherche monétaire international, 23 novembre 2021.

- L'incertitude qui règne quant à la durée de l'inflation : le fait que les banquiers centraux aient qualifié l'inflation de « transitoire » en 2021 a été vite contredit par les événements.

- Les modèles reposent sur des hypothèses discutables et qui ne sont pas nécessairement celles des marchés ; elles sont devenues les facteurs déterminants des anticipations. Ce système fermé ne pouvait, par définition, remettre en cause l'objectif d'inflation fixé *a priori* et une fois pour toutes à 2 %. King souligne que « ce type de modèle ne fonctionne que lorsque rien ne se passe ».

- Les méfaits de la « guidance » en tant qu'instrument de la politique monétaire. On tente avec cet instrument de dicter aux marchés une certaine attente en matière de taux d'intérêt. Mais, précisément parce que l'avenir est incertain, il est déraisonnable pour une Banque centrale de spéculer sur ses propres décisions futures. Ce d'autant plus que la Banque centrale croit en l'autoréalisation de cette guidance alors même que la réalité économique peut pointer dans un sens différent et exiger des réactions adaptées et rapides.

- La vieille idée selon laquelle « trop de monnaie chasse trop peu de biens » a plus de légitimité que la vision selon laquelle les anticipations, guidées par les banques centrales, sont les maîtresses du jeu. Enfin, le surplomb de monnaie créée par les achats de titres par les banques centrales n'a pas été du tout considéré comme un facteur possible d'inflation.

## Jürgen Stark (1er février 2022)[2]

L'ancien membre allemand du comité de direction de la BCE dénonce les erreurs de jugement commises par la Banque.

Il met en lumière les points suivants :

• La BCE a conduit systématiquement depuis trente ans une politique asymétrique qui relance l'économie au moindre signe de ralentissement mais qui est très réticente à resserrer lorsque l'économie se redresse.

• La BCE a sous-estimé les pressions inflationnistes ce qui a encouragé une politique ultra-expansive.

• L'inflation est plus grave que ne le croit la BCE : « Il serait naïf de supposer qu'une période prolongée de forte inflation n'aurait pas d'incidence sur les accords salariaux futurs. »

• La BCE est sous domination fiscale. Elle opère ouvertement un financement monétaire des États par le biais d'achats de titres souverains.

• Les erreurs et les hésitations de la BCE peuvent nuire durablement à la confiance dans la Banque centrale et dans l'euro. Elle doit changer de cap.

2. Jürgen Stark, « La BCE doit resserrer maintenant pour éviter plus tard une correction plus rigoureuse », OMFIF, 1er février 2022.

## Larry Summers (mars 2022)[3]

Larry Summers souligne :

- L'ampleur des erreurs commises par la Fed pour évaluer l'inflation. À l'automne 2021, la Fed pensait que l'inflation serait de 2 % en 2022. Aucune explication valable n'a été fournie pour expliquer cet optimisme infondé. Il est donc difficile d'avoir confiance dans le diagnostic porté sur l'inflation par la Banque centrale américaine.

- La Fed a mis fin à l'approche traditionnelle qui consistait à réagir à l'inflation prévue avant qu'elle ne se matérialise.

- Alors que Jerome Powell a récemment souligné son admiration pour Paul Volcker, il faut relever que ce dernier avait deux axiomes :
  - la stabilité des prix est essentielle pour réaliser le plein-emploi durable à long terme alors que la surchauffe et l'inflation qui en résulte conduisent à la stagflation et à des niveaux de chômage plus importants ;
  - il ne peut y avoir de progrès tangibles contre l'inflation sans une augmentation substantielle des taux d'intérêt réels.

- Les taux d'intérêt réels à court terme sont actuellement plus bas qu'ils ne l'ont jamais été depuis des décennies. Ils devront probablement atteindre des niveaux d'au moins 2 ou 3 % pour que l'inflation soit maîtrisée. Si l'inflation dépasse 3 %, cela signifie des taux de 5 %

3. Larry Summers, « La Fed nous mène vers la stagflation et la récession », www.larrysummers.com.

ou plus, ce que les marchés considèrent actuellement comme presque inimaginable.

• La Fed n'a pas intériorisé l'ampleur de ses erreurs au cours de l'année écoulée. Elle opère encore avec un cadre inapproprié et dangereux et doit prendre des mesures beaucoup plus fortes pour réaliser la stabilité des prix. La trajectoire actuelle de la Fed est susceptible de conduire à la stagflation.

## John Greenwood (septembre 2017)[4]

Dans une présentation très documentée, John Greenwood compare la manière anglo-saxonne d'utiliser le *quantitative easing* (QE) avec les pratiques du Japon et de la zone euro.

Il démontre que, aux États-Unis et en Grande-Bretagne, l'essentiel des achats de titres s'effectue auprès des « non-banques » (compagnies d'assurances, fonds de pension, *brokers*, etc.). Ces achats donnant lieu à des dépôts dans les comptes bancaires de ces institutions financières il en résulte que : l'effet sur la demande est réel et direct. Par contraste, l'essentiel des achats par la Banque du Japon et la BCE s'effectue auprès des banques. Dans ce dernier cas, on assiste à une création de « réserves » des banques sur leur compte auprès de la BCE. Bien que rémunérées négativement, ces réserves sont inertes et n'irriguent pas l'économie[5].

4. John Greenwood, *Two Brands of QE*, Invesco, septembre 2017.
5. Voir Jacques de Larosière, « Réserve et création monétaire : quand l'accessoire est devenu l'essentiel », *Revue Banque*, janvier 2022.

Cette démonstration conclut que l'efficacité du QE a été nettement plus élevée dans les pays anglo-saxons qu'en Europe où la méthode suivie a conduit davantage à baisser les taux d'intérêt qu'à relancer les économies de la zone euro.

## Mario Blejer et Piroska Nagy-Mohacsi (février 2022)[6]

L'ancien gouverneur de la Banque centrale d'Argentine, coauteur de cet article, a formulé sur l'inflation – dont il connaît trop bien les risques et les dangers – des propos remarquables que je crois utile de citer largement.

« Comme le savent les vétérans des batailles d'inflation passées, les banquiers centraux ne doivent jamais baisser la garde car le monstre est toujours là attendant obstinément une ouverture. C'est pourquoi le credo des banques centrales doit être suivant : "Ne jamais minimiser le risque d'inflation." Pour la combattre, il faut non seulement réagir de manière décisive à l'évolution des circonstances, mais aussi anticiper et avoir une bonne longueur d'avance. Si vous gardez vos meilleures options pour un jour meilleur, vous êtes peut-être déjà en retard. Vous ne pouvez pas remettre à plus tard la lutte contre l'inflation, car le problème est très visible et crée des attentes contagieuses qui peuvent rapidement s'enraciner…

---

6. Mario Blejer et Piroska Nagy-Mohacsi, *La Nouvelle Crise des banques centrales*, PS OnPoint, 4 février 2022.

» Le gradualisme n'est tout simplement pas une option. Si vous avez connu une forte inflation, comme moi-même en tant que président de la Banque centrale d'Argentine, vous savez que les premiers symptômes ne peuvent être ignorés ou traités plus tard. Plus il faut de temps pour s'attaquer à la cause (ou aux causes) profonde(s) de l'inflation, plus la lutte devient longue et difficile...

» L'inflation étant restée si longtemps en sourdine avant la pandémie, les banquiers centraux étaient persuadés que la pression à la hausse sur les prix serait transitoire puisqu'elle semblait n'être que la résultante des perturbations liées à la pandémie et qu'elle découlait de l'évolution de la demande. Ces problèmes devaient être résolus et disparaître et ne justifiaient donc pas de mettre en péril la reprise en mettant un frein aux expansions monétaire et budgétaire. Mais comme les chiffres de l'inflation ont continué à battre des records, les banques centrales ont finalement été obligées de réagir et d'adopter une voie plus agressive, voie qu'elles avaient rejetée quelques mois auparavant...

» La Fed doit maintenant reconnaître que son nouveau cadre monétaire symétrique de "ciblage de l'inflation sur le moyen terme" – qui permet un certain degré d'inflation supérieure à l'objectif après une période d'inflation inférieure – a échoué. La croissance des prix, supérieure à la cible enregistrée en 2021, semble avoir "désancré" les anticipations d'inflation.

» Tout aussi important, le resserrement monétaire nécessitera des politiques budgétaires adaptées afin de limiter les coûts pour l'économie réelle. Les politiques budgétaires expansionnistes devraient être réduites et les priorités politiques non liées à la crise devront être poursuivies selon des méthodes budgétaires plus soutenables. Des arbitrages politiques difficiles vont revenir sur le devant de la scène. Si les politiques budgétaires restent expansionnistes pour traiter des problèmes profondément enracinés mais non liés à la crise, les banques centrales devront resserrer encore plus leur politique monétaire pour juguler l'inflation et réduire les anticipations inflationnistes…

» La situation présente un défi de taille. L'expansion extraordinaire des politiques monétaires et fiscales a certes permis d'éviter une profonde récession mondiale, mais elle a également créé les plus grands déséquilibres jamais observés en temps de paix : des déficits budgétaires massifs, une augmentation considérable de la dette publique et privée, et un accroissement du bilan des banques centrales (la Fed à elle seule a presque triplé ses avoirs). »

Enfin Mario Blejer développe la question de l'aléa moral qui est si répandu que « les participants au marché ne croient plus qu'ils sont responsables de leurs engagements ». Cet état d'esprit fausse non seulement le rapport risque/rendement mais empêche également le marché de fournir les bons signaux aux investisseurs et aux décideurs. S'il n'est pas contrôlé, l'aléa moral infligera des coûts sociaux élevés à la suite de pertes d'efficacité à long terme, d'une mauvaise allocation des investissements et d'un risque systémique plus élevé (et donc d'une vulnérabilité accrue aux crises).

# Table

DU MÊME AUTEUR
CHEZ ODILE JACOB

*40 ans d'égarements économiques. Quelques idées pour en sortir*, 2021.

*Les 10 préjugés qui nous mènent au désastre économique et financier*, 2018.

*Les lames de fond se rapprochent*, 2017.

*50 ans de crises financières*, 2016.

Imprimé en France par CPI Firmin Didot
en août 2022

Cet ouvrage a été composé
en Adobe Garamond Pro
par Nord Compo à Villeneuve-d'Ascq (Nord).

N° d'édition : 4150-0274-X – N° d'impression : 171348
Dépôt légal : septembre 2022

*Imprimé en France*